DO TRAUMA À CURA

CIP-BRASIL. CATALOGAÇÃO NA PUBLICAÇÃO
SINDICATO NACIONAL DOS EDITORES DE LIVROS, RJ

R788t

Ross, Gina
    Do trauma à cura: um guia para você / Gina Ross ; tradução Marilu A. dos Reis. – 1. ed. – São Paulo : Summus, 2014.

    Tradução de: Beyond the trauma vortex into the healing vortex: a guide for you
    ISBN 978-85-323-0942-6

    1. Psicologia. 2. Psicoterapia. I. Título.

14-10876   CDD: 150.195
                                                                     CDU: 159.964.2

www.summus.com.br

Compre em lugar de fotocopiar.
Cada real que você dá por um livro recompensa seus autores
e os convida a produzir mais sobre o tema;
incentiva seus editores a encomendar, traduzir e publicar
outras obras sobre o assunto;
e paga aos livreiros por estocar e levar até você livros
para a sua informação e o seu entretenimento.
Cada real que você dá pela fotocópia não autorizada de um livro
financia o crime e ajuda a matar a produção intelectual de seu país.

DO TRAUMA À CURA
Um guia para você

GINA ROSS

summus editorial

Do original em inglês
BEYOND THE TRAUMA VORTEX INTO THE HEALING VORTEX
A guide for you
Copyright © 2008 by Gina Ross
Direitos desta tradução reservados por Summus Editorial

Editora executiva: **Soraia Bini Cury**
Editora assistente: **Salete Del Guerra**
Tradução: **Marilu A. dos Reis**
Capa: **Alberto Mateus**
Projeto gráfico e diagramação: **Crayon Editorial**

5ª reimpressão, 2025

Summus Editorial
Departamento editorial
Rua Itapicuru, 613 – 7º andar
05006-000 – São Paulo – SP
Fone: (11) 3872-3322
http://www.summus.com.br
e-mail: summus@summus.com.br

Atendimento ao consumidor
Summus Editorial
Fone: (11) 3865-9890

Vendas por atacado
Fone: (11) 3873-8638
e-mail: vendas@summus.com.br

Impresso no Brasil

Dedico este livro aos meus clientes e a todas as vítimas de trauma que tiveram coragem de buscar ajuda, cuja cura forneceu aos terapeutas informações necessárias para auxiliar no tratamento de outras pessoas e da sociedade como um todo.

Sumário

Introdução 9

PARTE I **A TEORIA DO TRAUMA E DA CURA** 21
1. Os fundamentos do trauma 22
2. O trauma e o cérebro 27
3. Os efeitos do trauma e as alegrias da cura . . . 42
4. A correnteza da vida com o vórtice de trauma e o vórtice de cura 53

PARTE II **FERRAMENTAS PARA A CURA** 67
5. Usando a linguagem das sensações e a sensopercepção para curar o trauma . . . 68
6. Descarregando a energia traumática 89
7. Usando nossos recursos para curar o trauma . . 100
8. Obstáculos no caminho da recuperação individual . 119
9. O que precisamos saber sobre o vórtice de cura . . 130

PARTE III **TRAUMA SECUNDÁRIO E TRAUMA COLETIVO** . 133
10. A natureza e a cura do trauma secundário . . . 134
11. Curando o trauma secundário relacionado com a mídia 138
12. O trauma coletivo 145

PARTE IV **APÊNDICES E RECURSOS** 155

Apêndice A – Outros tratamentos para o trauma . . . 156

Apêndice B – Sites de organizações
que promovem a cura 162

Apêndice C – Dicas para os pais lidarem
com as crianças e com a mídia 164

Bibliografia 168

PARTE V **RESUMO DOS EXERCÍCIOS** 171

Introdução

A NOVA COMPREENSÃO do trauma e de sua cura pode revolucionar a sociedade. Pode ser a fórmula mágica para o século 21. Um setor especializado no campo da saúde mental, consciente do impacto do trauma e da possibilidade de cura, está trabalhando na mudança da sociedade por meio da cura do trauma. Apresentamos aqui os métodos e teorias que podem mudar sua vida.

Desde sua descoberta, a técnica incrivelmente eficiente conhecida como Experiência Somática, ou SE®, criada pelo dr. Peter Levine, mudou a vida de milhares de pessoas ao redor do mundo. Acreditamos que pode mudar a vida de milhões. Originalmente desenvolvida como uma técnica para terapeutas para tratar o trauma profundo, atualmente a SE® tem sido amplamente utilizada pelo público como ferramenta de *primeiros socorros emocionais* e alívio do estresse, e como técnica de reequilíbrio físico-mental.

Assim como você pode adotar a dieta e o exercício para *ter uma vida fisicamente saudável*, é possível utilizar a SE® para *ter uma vida emocionalmente saudável e mentalmente equilibrada*, e para curar o trauma.

A força da SE® está na sua elegante simplicidade de reconhecer e estimular a capacidade natural do corpo para a autocura do trauma, e em sua delicadeza e compaixão. Portanto, se você estiver lendo este livro devido a uma experiência traumática – seja um assalto, um acidente automobilístico ou de trabalho, guerra, terrorismo, desastre natural ou abuso infantil – ou em função dos sintomas traumáticos de alguém de quem você gosta, ou simplesmente por conta do estresse e da pressão de viver no século 21, essa técnica pode transformar sua vida.

É possível obter benefícios imediatos e até perceber uma mudança instantânea, mas, assim como nas dietas e nos programas de exercícios físicos, o impacto permanente vem quando você se compromete com a sua aplicação constante, quando necessário.

Embora pareça uma técnica simples, ela se baseia em grande conhecimento e sabedoria. Geralmente, as pessoas são apresentadas a esse método por psicoterapeutas especialmente treinados. Este livro oferece os instrumentos que você pode *utilizar sozinho para se curar*. Você também pode apenas ler sobre o trauma e esse método e decidir usá-lo sob a supervisão de um profissional de SE®. No final do livro você encontrará algumas indicações. Também estão disponíveis treinamentos com duração de um dia. Em situações traumáticas graves, é recomendável que você trabalhe apenas com a ajuda de um profissional.

Antes de ler sobre a teoria por trás da técnica, é importante conhecer o que alunos e praticantes da SE® dizem sobre ela e como a descrevem em termos não técnicos. Alguns exemplos:

RON: *"A compreensão de que quando o trauma acontece partes diferentes do cérebro 'param de falar umas com as outras' e de que a desorientação que isso cria está na raiz de terríveis lembranças emocionais mudou minha maneira de pensar sobre o estupro e mi-*

nhas memórias traumáticas. Parei de me culpar; parei de pensar que eu era louco e masoquista e ficou mais fácil pedir ajuda."

LEN: "Nunca mais fui o mesmo depois do Vietnã, e apesar de anos de terapia os problemas com Transtorno do Estresse Pós-Traumático (TEPT) persistiram. Eu queria ter conhecido essa ferramenta há 30 anos. É tão natural. Para mim, a mudança de paradigma foi a compreensão de que as experiências emocionais ficam depositadas no corpo como sensações físicas. Aprendi a ver que o medo se manifesta como tensão no estômago. Em vez de focar a emoção, aprendi a focar a sensopercepção[1] na sensação física de aperto, e funcionou. Este livro realmente explica como o cérebro e o corpo interagem durante um trauma e no processo de cura."

RUTH: "Minha experiência traumática me deixou emocionalmente arruinada. Meu peito estava sempre apertado e meu coração batia tão rapidamente que eu estava sempre preocupada com a possibilidade de sofrer um ataque cardíaco. Quando foquei a atenção no aperto em meu peito e consegui me afastar e fazer uma auto-observação, o aperto começou a se soltar como num passe de mágica. Ao fazer a mesma sensopercepção focar na região mais relaxada do meu corpo – as coxas –, foi como mover mentalmente o relaxamento das coxas e colocá-lo no lugar do aperto do meu peito. De alguma maneira, esse alívio da tensão física se traduziu em cura emocional. Eu teria rejeitado esse recurso, talvez o considerasse uma loucura, um truque, se não estivesse sob a orientação de um terapeuta reconhecido como excelente profissional. Funcionou como mágica."

---

1. Do inglês "felt-sense". Embora os profissionais brasileiros da abordagem SE® utilizem o termo em inglês, preferimos traduzi-lo nesta edição voltada para o público geral. [N. E.]

DIANA: *"Gostei de conhecer a técnica e de utilizá-la em questões aparentemente pequenas, como lidar com meu medo de falar em público, assim como com alguns de meus principais problemas, consequências de abuso na infância."*

JOE: *"O poder da técnica e a rapidez dos resultados me deixaram verdadeiramente surpreso. Mas ainda mais surpreendente foi o fato de que pude utilizar essa ferramenta sozinho, a qualquer momento, em qualquer lugar (no escritório, na cama, antes de dormir), para reequilibrar-me e curar-me, ou simplesmente para me sentir centrado e calmo."*

MOHAMMED: *"Eu estava passando por tempos difíceis, fechando minha empresa e enfrentando a ruína financeira. Não conseguia dormir, meu estômago estava embrulhado, e a técnica foi uma bênção que me trouxe uma sensação de calma, que me permitiu resolver os problemas sem entrar em pânico. Aprender a utilizar a sensopercepção para desembrulhar o estômago foi tão fácil! Eu a uso todos os dias e estou ensinando meu filho a utilizá-la para lidar com o frio no estômago antes dos jogos de basquete da universidade."*

ELIZABETH: *"Essa técnica mudou a minha vida. Mas explicá-la aos amigos seria como falar sobre acupuntura há 30 anos, quando as pessoas diriam: 'Como algumas agulhas espetadas na pele funcionam como anestesia, permitindo que os médicos chineses realizem uma cirurgia no cérebro sem drogas? Impossível!' Mas, quando os cientistas ocidentais experimentaram, ficaram sem palavras. Estava fora do paradigma da medicina ocidental. Essa técnica é igualmente profunda e à margem do paradigma da terapia verbal."*

ESTHER: *"Assim como se apaixonar, a única maneira de perceber a força e a eficácia dessa técnica é experimentando. A teoria permanecerá apenas teoria até que você a vivencie. É fascinante compreender o cérebro, as emoções e seu* feedback *e como a sensopercepção e a consciência podem dirigir sua própria cura."*

LEON: *"Depois de utilizar a técnica algumas vezes, imaginei-me como um operador de guindaste que podia recolher mentalmente um conjunto de recursos para a cura de um lugar e colocá-los em uma região constrita, que foi sendo gradualmente preenchida pelo relaxamento. A estrutura emocional que tinha sido devastada pelo trauma foi reconstruída pouco a pouco para gerar recursos que eu nem sabia que tinha."*

SAMIRA: *"Eu estava descendo uma montanha em um teleférico e vi um cachorro deitado no chão, que parecia muito ansioso. Esperei para ver sua reação e, realmente, quando o teleférico aterrissou, o cão 'se sacudiu', descarregando sua energia. Eu queria estar com minha câmera. De qualquer forma, espero aprender a 'me sacudir' e a descarregar meus traumas."*

ILANA: *"Fiquei em pânico quando um de meus alunos foi atropelado pelo ônibus escolar. Eu não conseguia tirar o acidente da cabeça. Eu não conseguia lecionar ou preparar minhas aulas. Um terapeuta que conhecia a SE® me ligou e pediu que eu me sentasse e apoiasse os pés no chão, sentindo o suporte da cama sobre a qual eu estava sentada. Depois, pediu que eu percebesse onde sentia a ansiedade no corpo – aperto no estômago – e alternasse entre a sensação de aperto no estômago e a sensação de sustentação que vinha dos pés.

Ainda não consigo acreditar. Senti uma respiração profunda chegando e, com ela, uma sensação intensa de alívio, e o aperto completamente liberado. Daquele momento em diante, consegui retomar minhas funções, preparar minhas aulas e, o mais importante, estar com os meus alunos depois dessa experiência traumática para toda nossa comunidade."

ELLIE: *"Caí e quebrei a perna em um acidente duas semanas atrás. Passei por uma cirurgia para colocar um pino. Preciso contar que a SE® foi muito útil antes da cirurgia e durante a recuperação. Estou maravilhada de ver como conhecer o meu corpo, estar em contato com suas necessidades e corresponder a elas foi de grande ajuda nessa situação. É uma ferramenta para o bem-estar."*

Como você pode ver por esses testemunhos, o método funciona para uma ampla variedade de pessoas, de diferentes culturas, para problemas diferentes e para experiências traumáticas muito diversas.

Além disso, a cura de nossos traumas não apenas diminui o sofrimento e nos transforma como nos ajuda a compreender o sofrimento do outro, permitindo-nos ultrapassar e superar nossas diferenças. Na medida em que entramos no mundo obscuro do trauma, descobrimos o fluxo natural de cura e de transformação disponível para nós, a linguagem universal da dor e da cura, e tocamos nossa humanidade e a dos outros.

A cura de traumas pessoais e a permanência firme diante da ameaça e da tensão constantes facilitam o enfrentamento da tragédia e da violência do "trauma coletivo". Ao entrar em contato com nossa capacidade inata de cura, aprendemos a confiar mais na capacidade humana de lidar com os problemas e podemos apoiar os esforços coletivos para a resiliência.

O OBJETIVO DESTE LIVRO

O trauma faz parte da vida. Este livro lhe dará o conhecimento para que você se liberte do impacto do trauma e lhe fornecerá ferramentas que lhe permitirão assumir o controle de sua vida. Ele o ajudará a identificar se você – ou as pessoas que você ama – tem sintomas traumáticos e a resolvê-los. Também vai ajudá-lo a desenvolver resiliência perante acontecimentos traumáticos futuros.

O livro fornece informações sobre:

1. A natureza e os sintomas do trauma, e ferramentas para curá-lo ou para lidar com ele.
2. O impacto do trauma secundário em você, em sua família, em seus amigos e na sua cultura.
3. O trauma secundário relacionado com a mídia e as diretrizes para evitá-lo e curá-lo.
4. O "trauma coletivo" e como você pode fazer parte da "cura coletiva".

O livro apresenta uma abordagem teórica do trauma, faz uma exposição mais detalhada da Experiência Somática (SE®) e uma introdução geral a diversas outras ferramentas de cura desenvolvidas durante os últimos 15 anos, facilitando a cura do trauma em níveis mais abrangentes do que nunca. Fica mais fácil enfrentar o trauma quando compreendemos que ele pode ser curado, e que *a cura completa do trauma traz consigo a dá-*

diva da profunda transformação. O trauma se torna menos intimidador, mais fácil de ser desmistificado e tratado.

COMPREENDENDO O TRAUMA INDIVIDUAL E SUA CURA

O Trauma, com T maiúsculo, finalmente "sai do armário". Acontecimentos opressivos de grandes dimensões, como terremotos e *tsunamis* por todo o mundo, tragédias como o 11 de setembro, nos Estados Unidos, homens-bombas e guerras são atualmente reconhecidos como traumáticos. O trauma, entretanto, permanece uma causa pouco compreendida de dor e sofrimento, visto que muitos de nós não temos clareza do que vira trauma para uma pessoa e não para outra, perpetuando o estigma ligado a ele.

Minha experiência de dez anos na condução de treinamentos sobre sua cura e prevenção confirma que o trauma, mesmo sendo comum, é dolorosamente difícil de ser discutido e continua um tabu para um grande número de pessoas; seu enfrentamento é igualmente difícil perante a imprevisibilidade e instantaneidade que o caracterizam.

Além disso, acontecimentos aparentemente *simples*, como uma perda repentina, um procedimento cirúrgico, uma queda ou um acidente de carro, podem nos deixar completamente disfuncionais e alienados, visto que em geral eles não são reconhecidos como fontes potenciais de trauma e de desorganização interna.

Na verdade, a pesquisa mostrou que o trauma não resolvido pode ter um impacto avassalador na vida das pessoas, deixando como consequência um imenso sofrimento físico e mental e prejudicando sua capacidade de atuar em casa, no trabalho e no mundo. Além disso, o trauma pode se expressar por muitos sintomas diferentes, tornando-o misterioso para a maioria de nós, difícil de compreender e de ser reconhecido e curado. Em geral, nós simplesmente não entendemos como a devastação do trauma se manifesta na vida diária.

A mudança de paradigma na cura do trauma foi a descoberta de que a devastação traumática se deve à resultante desorganização de nosso sistema nervoso e de que podemos trazê-lo de volta ao equilíbrio. Em outras palavras, o trauma tem cura. Pode existir um fim para o sofrimento; podemos recuperar nossa capacidade de viver bem, mesmo anos depois de um acontecimento traumático. Ao longo do processo também podemos expandir nossa capacidade de lidar com as situações e emoções estressantes do dia a dia.

COMPREENDENDO O TRAUMA COLETIVO E SUA CURA

Essa mudança paradigmática na cura do trauma é ainda mais vital nos dias de hoje, uma vez que a ciência estabeleceu a conexão entre trauma e violência. Demonstrou-se que o trauma coletivo é contagioso e como, com frequência, ele leva à violência coletiva, trazendo mais sofrimento e custos financeiros incalculáveis para a sociedade. Porém, ainda não entendemos em que medida o trauma não resolvido, ao manter as pessoas superativadas e sugestionáveis, deixa uma herança de abuso, violência e guerra para as gerações futuras. Estamos apenas começando a compreender a extensão do impacto do trauma coletivo na política mundial e como ele afeta os conflitos entre nações.

É imperativo curar traumas de nível coletivo. A ameaça do terrorismo e a onda contínua de desastres naturais na última década alastraram o estresse traumático, tornando-o crônico e deixando nosso "sistema nervoso coletivo" constantemente ativado. Precisamos aprender a liberar a ativação se quisermos manter a saúde física, a estabilidade emocional e, inclusive, nossa existência como cidadãos.

Aprender a distinguir os efeitos do trauma permite-nos identificar as reações traumáticas pessoais, assim como a reconhecer quando grupos ou nações estão sob o feitiço do trauma coletivo. Essa capacidade de identificar o trauma e saber curá--lo nos dá o poder de agir de forma positiva individual ou coletivamente, em vez de reagir com medo, negação, raiva ou desespero diante da devastação trazida pelo trauma.

Resolver o trauma no nível individual e coletivo nos ajudará a apoiar os esforços pela harmonia familiar, assim como pela paz mundial. *Portanto, para nosso próprio bem – pessoal ou coletivo – é crucial nos comprometermos com a cura do trauma, individual e coletivamente.*

COMO USAR ESTE LIVRO

Este livro traz uma visão teórica e também prática da cura do trauma. Uma maneira eficaz de abordar o tema é compreender os conceitos gerais do trauma, sua interação com o cérebro e a teoria que fundamenta as técnicas de cura aqui explicadas. Depois, ler as histórias que ilustram os princípios, a teoria e o método usados, e fazer os exercícios. Para explorar a técnica e a prática dos exercícios será necessário reler os capítulos relevantes e reservar um tempo para fazer os exercícios.

Parte I – A teoria do trauma e da cura

Apresenta informações teóricas nos Capítulos 1, 2, 3 e 4 (*Os fundamentos do trauma; O trauma e o cérebro; Os efeitos do trauma e as alegrias da cura; A correnteza da vida com o vórtice de trauma e o vórtice de cura*). Não será necessário se lembrar das informações teóricas para aplicar a técnica; elas estão incluídas apenas para responder às perguntas que possam surgir sobre o método.

Parte II – Ferramentas para a cura

Aborda o método da SE® nos Capítulos 5, 6, 7, 8 e 9 (*Usando a linguagem das sensações e a sensopercepção para curar o trauma; Descarregando a energia traumática; Usando nossos recursos para curar o trauma; Obstáculos no caminho para a recuperação individual; O que precisamos saber sobre o vórtice de cura*). O livro está estruturado para permitir que você estude os exercícios no contexto da teoria. Todos os exercícios também estão agrupados na Parte V, a fim de facilitar sua prática.

Parte III – Trauma secundário e trauma coletivo

Os Capítulos 10, 11 e 12 apresentam o trauma relacionado com a mídia (*A natureza e a cura do trauma secundário; Curando o trauma secundário relacionado com a mídia; O trauma coletivo*). Eles abordam o possível papel da mídia na amplificação ou até na criação do trauma secundário e apontam maneiras de desenvolver a capacidade de nos proteger da cobertura incessante da tragédia e da violência, engajando a mídia na cura do trauma. O Capítulo 12, *O trauma coletivo*, mostra como reconhecer os sinais de um "vórtice de trauma coletivo" e explica o Modelo Ross, que contém diretrizes para a cura do trauma coletivo.

Parte IV – Apêndices e recursos

O Apêndice A – *Outros tratamentos para o trauma* – introduz outros métodos de cura do trauma. O Apêndice B – Sites de organizações que promovem a cura – dá indicações de sites úteis. O Apêndice C – *Dicas para os pais lidarem com as crianças e com a mídia* – é autoexplicativo. A *Bibliografia* traz as referências utilizadas neste livro.

Parte V – Resumo dos exercícios

Agrupa os exercícios apresentados ao longo do texto para facilitar a sua prática. Encontre um lugar e uma posição confortável para fazê-los. Mais tarde, ao utilizar a ferramenta para prevenção, você poderá executá-los praticamente em qualquer lugar. Estude e pratique os exercícios por alguns dias consecutivos até que memorize o processo e possa acessá-lo quando necessário, até que se torne um bom hábito. Você também pode compartilhar esse conhecimento com sua família e seus amigos. Às vezes, a força do trauma é muito forte, sendo aconselhável ter alguém de confiança por perto. Quando você perceber que está sendo atraído e paralisado pelo vórtice de trauma, procure ajuda profissional. Veja as referências na Parte IV.

PARTE I

A TEORIA DO TRAUMA E DA CURA

1 Os fundamentos do trauma
2 O trauma e o cérebro
3 Os efeitos do trauma e as alegrias da cura
4 A correnteza da vida com o vórtice de trauma e o vórtice de cura

1 Os fundamentos do trauma

A MAIORIA DAS pessoas pensa no acontecimento traumático como algo avassalador e raro. No entanto, incidentes comuns também podem ser traumáticos.

Acontecimentos traumáticos "extraordinários" incluem: desastres naturais e/ou provocados pelo homem e epidemias; homicídios, agressões, crimes deliberados, governos repressivos, perseguição ou opressão religiosa e étnica, tortura, violação aos direitos humanos e escravidão; atos de terrorismo, guerra, massacre organizado, genocídio e holocaustos; cativeiro, refúgio e exílio; mudança repentina e violenta de regime; estar em posição de causar danos ao próximo no cumprimento do dever (policiais, soldados e algozes).

Acontecimentos traumáticos "comuns" incluem: colisões de automóveis, acidentes no trabalho ou no lazer, procedimentos médicos e cirúrgicos, doenças que ameaçam a vida, febre alta em crianças, quedas, ferimentos graves, perdas inesperadas e repentinas, exposição a substâncias tóxicas, afogamento ou asfixia e trauma associado ao nascimento.

DEFINIÇÃO DE TRAUMA

Traumas são aqueles acontecimentos que desafiam e subjugam nossa capacidade de lutar e reagir. Nosso corpo/mente se limita à sobrevivência e nos tornamos incapazes de recobrar o equilíbrio. Entre as definições de incidente traumático estão:

- ***Trauma de choque:*** acontecimento inesperado, súbito e assustador grande demais para que nosso sistema nervoso o compreenda e assimile. Desencadeia medo intenso, desamparo e perda de controle, desorganizando assim o sistema nervoso. As pessoas em choque ficam aturdidas, confusas, trêmulas e desorientadas.
- ***Trauma no desenvolvimento:*** consequência de prolongada desarmonia na relação da criança com seus pais. Pode ser causado por negligência ou abuso, físico e/ou emocional. Frequentemente inter-relacionado com experiências de choque traumático, manifesta-se em traços de caráter disfuncionais.

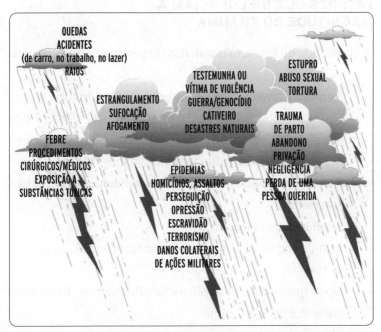

Figura 1

- *Transtorno de estresse pós-traumático (TEPT)*: distúrbio resultante de acontecimentos traumáticos não resolvidos e geradores de ansiedade. Os sintomas incluem *flashbacks* invasivos, hipervigilância e fuga. Tais sintomas podem levar algumas pessoas à total incapacidade de viver o dia a dia. Outras se sentem assoladas pela destruição.

> A Experiência Somática (SE®) tem uma definição mais ampla do trauma: qualquer elemento da experiência de uma pessoa que permaneça fixo e não resolvido, causando perturbações de ordem biológica, fisiológica, emocional, mental ou comportamental.

FATORES QUE INFLUENCIAM A MAGNITUDE DO TRAUMA

A magnitude do impacto traumático depende de vários fatores:

- Duração e gravidade do acontecimento traumático.
- Época do acontecimento e o estágio emocional da pessoa que o vivenciou: quanto mais cedo ocorre o trauma e menos recursos o indivíduo tem, mais danoso é o impacto.
- Sucesso ou fracasso ao lidar com incidentes traumáticos anteriores.
- Resiliência genética.
- Atitudes culturais conscientes e inconscientes em relação ao trauma.
- Tipo e quantidade de apoio social e de recursos disponíveis durante e após o trauma.
- Equilíbrio espiritual e fé.

OS EFEITOS DO TRAUMA NO CORPO/MENTE

Para curar o trauma é importante compreender que *o corpo conserva o registro*.

- **O trauma está registrado no corpo:** os efeitos negativos dependem de como o corpo de alguém em particular reage a um acontecimento estressante específico, em determinada época. Todos nós somos diferentes e temos diversos mecanismos de resposta para lidar com uma gama de fatores geradores de estresse. O efeito temporal (*timing*) também contribui.
- **O trauma altera a química do cérebro:** ele desencadeia mudanças hormonais e aumenta a produção de adrenalina, cortisol e/ou opioides.
- **O trauma afeta o sistema nervoso:** fatos ameaçadores antecipam as reações defensivas de lutar, fugir ou congelar. Porém, se interrompidas, elas levam o sistema nervoso ao desequilíbrio e superativam os setores responsáveis pela sobrevivência. Esse excesso de energia de ativação se manifesta em uma miríade de sintomas, desestabilizando os reflexos de proteção.

> O trauma é contagioso; a atração do vórtice de trauma é magnética.

UMA DEFINIÇÃO RECONFORTANTE DO TRAUMA

O trauma é parte comum e normal da vida, e nosso corpo/mente está naturalmente equipado para lidar com ele. *Na maioria das vezes, nós mesmos nos curamos do trauma.* Mas, quando o trauma é avassalador e a energia permanece presa em nosso sistema, desenvolvemos sintomas traumáticos.

Para curar o trauma, precisamos aprender a liberar o excesso de energia presa e completar as reações de luta/fuga que mobilizamos ao nos defrontar com a ameaça.

Ver o trauma como um simples processo incompleto e não como um dano permanente restabelece a esperança.

O trauma não precisa durar a vida toda. Não deve nos deixar disfuncionais. Ao contrário, em geral a cura do trauma é transformadora. Não apenas sentimos a ampliação de nossa consciência quando resolvemos nossos traumas, como expandimos nossa capacidade de superar futuras situações devastadoras e aprendemos a lidar melhor com o medo. A cura do trauma nos permite desenvolver um espectro mais amplo de respostas e sentir mais entusiasmo pela vida.

2 O TRAUMA E O CÉREBRO

O CÉREBRO TRINO

O diagrama a seguir ilustra as camadas de nosso cérebro:

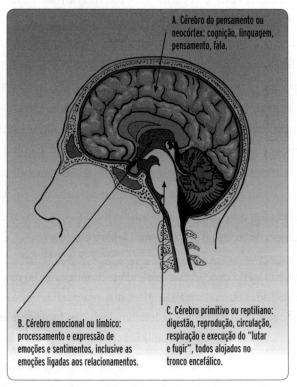

Figura 2

Compreender como o cérebro funciona durante o trauma pode nos ajudar a entender melhor como curá-lo.

AS TRÊS CAMADAS DO NOSSO CÉREBRO

O cérebro humano é um órgão extremamente complexo. Para fins didáticos, podemos simplificar sua constituição afirmando que ele é essencialmente composto por três camadas interligadas. Cada uma delas é projetada para integrar-se e interagir entre si de forma harmoniosa. Quando o trauma ocorre, em vez de trabalhar em conjunto como um todo eficiente e integrado, as três camadas desconectam-se umas das outras. Essa falta de integração desorienta nosso sistema nervoso.

A. O **cérebro racional** ou **neocórtex** é a camada superior do hemisfério cerebral. Também conhecido como cérebro superior, o neocórtex contém dois tipos de neurônio: 80% são neurônios excitatórios e 20% são interneurônios inibitórios. Ele controla o uso da linguagem, as habilidades de comunicação e as funções cognitivas superiores, inclusive aprendizagem, solução de problemas, escolhas, raciocínio, planejamento e flexibilidade. O neocórtex também domina o movimento voluntário, sendo o centro de controle que regula as outras duas camadas do cérebro.

O neocórtex usa a linguagem, ideias e conceitos.

> O trauma tira do neocórtex a capacidade de gerenciar ou de inibir a atividade das outras camadas. Além disso, prejudica os processos de pensamento construtivos, a habilidade de resolução racional de problemas e sua flexibilidade para adaptações.

B. O **cérebro emocional** ou **límbico** governa as emoções. Comporta a motivação, a atenção e a memória emocional. Registra o medo, o terror, a raiva e a alegria, operando principalmente no que se refere a prazer ou dor. Rege as funções sociais e os relacionamentos interpessoais mediando como a pessoa percebe os outros e reage a eles. Avalia e mede nossa ligação com os outros e o que poderíamos chamar de nosso amor por eles. Intrinsecamente conectado com o neocórtex, o sistema límbico influencia todos os circuitos cerebrais e os processos que emergem deles.

O cérebro emocional fala por imagens, metáforas e emoções.

> Em estados traumáticos, o cérebro emocional permanece superativado e continua a desencadear as reações defensivas de lutar, fugir e congelar – mesmo quando não são mais necessárias.

C. O **cérebro primitivo ou reptiliano** é instintivo e reflexivo. Controla as reações físicas básicas ao perigo: as reações de luta e fuga e o reflexo de congelamento.

O **tronco encefálico** é a parte inferior e primeira do cérebro primitivo, a região primal do cérebro responsável pela interação com o mundo exterior. Também coordena o equilíbrio, desperta o movimento e a ação e todas as funções vitais do corpo, como respiração, batimentos cardíacos, circulação, temperatura, sono, digestão e sexualidade.

O cérebro primitivo se comunica por meio de sensações físicas, geradas por fontes externas e processadas em nossos cinco sentidos ou no interior do corpo. Ele não reconhece a passagem do tempo. O trauma é contagioso e a atração do vórtice de trauma é magnética.

> O trauma estimula o cérebro primitivo, colocando-o em um estado de constante ativação. Isso resulta em reações impulsivas e automáticas, que se alternam frequentemente entre hiperexcitação e retraimento ou paralisia.

Para curar-se do trauma, as três partes do cérebro devem se reintegrar. O neocórtex precisa ser realinhado; o cérebro límbico e o reptiliano precisam recuperar seu equilíbrio e servir o neocórtex. Tal reintegração é possível se usarmos a consciência intencional (atividade neocortical) focalizada nas sensações internas do corpo – o cérebro primitivo.

NOSSO SISTEMA NERVOSO

Nosso sistema nervoso reúne e armazena informações sobre o ambiente externo e sobre o estado interno de nosso corpo. Comunica e controla nossos movimentos e sensações corporais, sendo composto de:

- **Sistema Nervoso Central** (SNC), que inclui a coluna vertebral e o cérebro, controlando os movimentos voluntários e os pensamentos conscientes.
- **Sistema Nervoso Periférico** (SNP), composto pela enervação sensório-motora (neurônios). A enervação sensória recebe os estímulos do ambiente e os envia ao SNC. A enervação motora comunica a ação aos músculos e às glândulas.

O sistema nervoso periférico é composto ainda por dois sistemas separados:

- O **Sistema Nervoso Sensório-Somático** (SNSS), que controla nossos cinco sentidos.
- O **Sistema Nervoso Autônomo** (SNA), que regula todas as funções autônomas básicas do corpo.

O SISTEMA NERVOSO

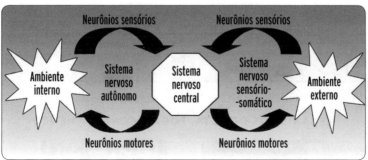

Figura 3

O SISTEMA NERVOSO AUTÔNOMO (SNA)

O **Sistema Nervoso Autônomo** é a chave da cura do trauma na Experiência Somática (SE®). Ele opera sem nosso controle e regula automaticamente nosso sistema visceral e todas as funções autônomas básicas do corpo.

O SNA tem duas ramificações: **o Sistema Nervoso Simpático** e o **Sistema Nervoso Parassimpático**. O primeiro atua como o acelerador do sistema nervoso. O ramo parassimpático funciona como freio e ajuda a descarregar a excitação do simpático. Eles se equilibram reciprocamente, dependendo da situação e das necessidades do momento.

Quando estamos relaxados e felizes, existe um ritmo suave entre as duas ramificações, ondulando entre carga automática e descarga, entre excitação e relaxamento. Esse ritmo suave nos dá uma sensação de bem-estar e de estar conduzindo a vida com êxito.

SISTEMA NERVOSO AUTÔNOMO RESILIENTE

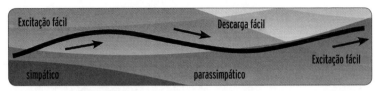

Figura 4

MECANISMOS DE LUTA, FUGA E CONGELAMENTO

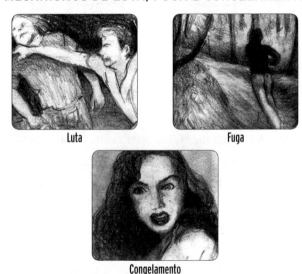

Desenhos originais gentilmente cedidos por Soosan Suryawan

COMO O CÉREBRO REAGE EFICAZMENTE A UMA AMEAÇA

Em condições normais, o neocórtex controla os cérebros reptiliano e límbico. Ele recebe informações, processa-as e toma decisões "racionais". O cérebro emocional impregna essas decisões com sentimentos, mas é o neocórtex, o cérebro racional, que permanece no controle.

Quando enfrentamos uma ameaça – real ou imaginária –, funcionamos em um nível inconsciente. A amígdala é a parte do cérebro emocional que registra e grava emoções, particularmente medo. Ela se ativa, avalia o perigo no nível visceral. Se a ameaça não puder ser administrada pelo neocórtex (por meio da razão ou da comunicação), a amígdala desencadeia imediatamente uma reação de emergência, liberando hormônios do estresse, aumentando os batimentos cardíacos e o ritmo respiratório e ampliando os reflexos. Ele também suspende funções não emergenciais do corpo.

Neste ponto, o cérebro reptiliano assume o lugar do neocórtex e organiza as reações defensivas instintivas fora do domínio do pensamento consciente, decidindo se deveremos lutar, fugir ou congelar.

ANATOMIA DE UMA REAÇÃO À AMEAÇA: FUGIR, LUTAR OU CONGELAR?

Quando percebemos algo novo em nosso ambiente:

1 Orientamo-nos, voltando a atenção para o estímulo. Dentro do cérebro emocional, a amígdala verifica se o estímulo é perigoso ou prazeroso e se a pessoa deve evitá-lo ou mover-se em sua direção.

2 Se a amígdala desconfiar do estímulo, coloca todo o sistema (corpo/mente) em alerta, *desencadeando uma forte reação de ativação no ramo simpático do nosso sistema nervoso*: respiração acelerada e aumento dos batimentos cardíacos, bombeamento do sangue, tensão muscular e intensificação da vigilância.

3   O cérebro avalia como é melhor reagir: fugir, lutar ou congelar.
- **Fugir:** é a nossa primeira reação instintiva, geralmente a mais econômica para nosso sistema.
- **Lutar:** quando não podemos escapar e temos força, lutamos.
- **Congelar:** quando é impossível fugir ou lutar, congelamos. Trata-se de uma resposta adaptativa, que provoca um estado alterado de consciência. Tal estado pode nos poupar da dor; a imobilidade também pode desarmar os predadores.

Mas, como veremos, o congelamento também está no núcleo dos sintomas traumáticos recorrentes.

As reações defensivas de lutar, fugir e congelar são, no fundo, planos de ação inatos diante do perigo. *Uma vez que um plano foi acionado, tem de ser levado até o fim para que o corpo/mente saiba que o perigo passou e nosso sistema volte ao normal.* Se NÃO completarmos o plano, o sistema nervoso se desequilibrará.

No Capítulo 6, abordaremos os exercícios sobre fuga, luta e congelamento.

O corpo é, ao mesmo tempo, um sismógrafo e um receptor de sinais de alerta que tem prontidão para reagir com luta ou fuga.

Quando é impossível fugir ao perceber uma ameaça, que sensações você experimenta em seu corpo enquanto se prepara para a luta? Que movimentos seu corpo quer fazer? Que partes de seu corpo iniciam algum movimento quando você tem de lutar? Você notará que seus músculos se tensionam, sua respiração acelera; você sentirá um agudo estado de alerta.

Mas o que aconteceria se você não pudesse lutar nem fugir diante de uma ameaça? Provavelmente, alguma força interna o impediria de fugir. Chamamos isso de reação de congelamento. Ela contém medo, vergonha e culpa; às vezes, é o medo de ferir alguém ou de perder seu amor que nos impede de nos defender fugindo.

Nos exercícios deste livro, nós o ensinamos a enfocar as sensações do corpo que acompanham pensamentos ou emoções paralisantes. Focando uma sensação a cada vez, você perceberá em seguida sinais da descarga: respiração, tremor, suor quente, etc. Esses exercícios, além de outras ferramentas, evitarão que você permaneça estagnado na reação de congelamento.

PAPEL DOS RAMOS SIMPÁTICO E PARASSIMPÁTICO DO SNA

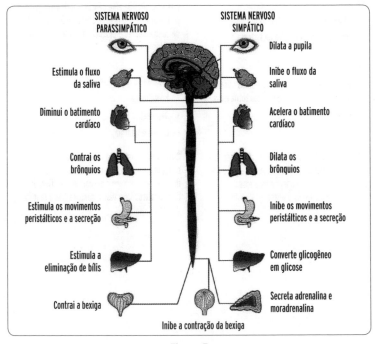

Figura 5

SISTEMA NERVOSO SIMPÁTICO (SNS)	SISTEMA NERVOSO PARASSIMPÁTICO (SNP)
O SNS nos prepara para a ação. Ele regula a ativação, aumentando sua atividade nos momentos de estresse - tanto positivo como negativo. Ele fica ativo quando estamos alertas, excitados ou engajados em atividade física, e também nos prepara para enfrentar emergências e ameaças: 1. Aumentando os batimentos cardíacos e a pressão sanguínea. 2. Desviando o fluxo sanguíneo do estômago para rins e músculos, a fim de permitir o movimento mais rápido. 3. Comprimindo os vasos sanguíneos e drenando o sangue da pele (que fica pálida e fria). 4. Dilatando as pupilas, retraindo as pálpebras e focalizando o olhar. **A superestimulação do SNS resulta em:** - Desaceleração ou baixa do sistema imunológico. - Baixa da libido. - Interrupção da secreção de fluidos nasais, genitais e dos olhos, o que nos torna mais propensos a adoecer.	O SNP nos ajuda a relaxar depois da ativação. Também auxilia na reorganização e regeneração depois da ameaça: 1. Colaborando com o relaxamento muscular. 2. Diminuindo os batimentos cardíacos e desacelerando e aprofundando a respiração. 3. Ajudando na digestão. 4. Retornando o sangue para os vasos sanguíneos (a pele fica novamente corada e aquecida). 5. Permitindo que o sistema imunológico e a secreção dos fluidos corporais reestabeleçam seu ritmo normal. O SNP também gera os sentimentos de contentamento, prazer, felicidade, dor e tristeza. Nas situações de emergência e perigo em que não podemos lutar ou fugir, o SNP dá início à reação de congelamento e bloqueia a ativação simpática, sem descarregá-la. **A posição fixa do SNP resulta em:** - Imobilidade. - Depressão. - Fadiga e letargia.
O ramo simpático funciona como acelerador do sistema nervoso. Ele nos dá mais energia para qualquer ação que planejarmos e ajuda nossa preparação diante da ameaça.	O ramo parassimpático funciona como freio para o sistema nervoso. Ele nos ajuda a relaxar e desligar, assim como a descarregar a ativação do simpático. Além disso, desencadeia a reação de congelamento.

DO SISTEMA NERVOSO AUTÔNOMO RESILIENTE PARA O SUPERATIVADO

SISTEMA NERVOSO RESILIENTE

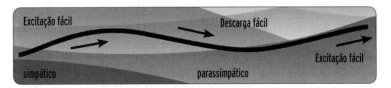

SISTEMA NERVOSO SUPERATIVADO

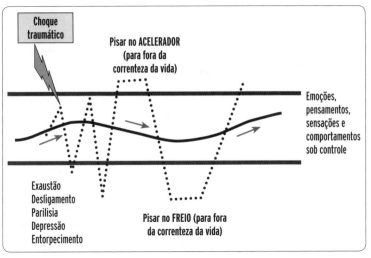

Figura 6

QUANDO A REAÇÃO NORMAL A UMA AMEAÇA NÃO FUNCIONA

Ficamos traumatizados quando a reação defensiva de nosso sistema nervoso às ameaças torna-se crônica; o cérebro superior torna-se incapaz de se reposicionar e o cérebro inferior domina. O hipocampo, que nos diz onde e quando algo aconteceu (memória), encolhe, prejudicando nossa capacidade de raciocinar e processar os vários elementos de nossa experiência como memória explícita – ou consciente.

Quando estamos traumatizados, o tempo sozinho não cura, e continuamos a secretar hormônios do estresse para lidar com uma ameaça que não existe mais. Essa liberação excessiva de hormônios é tóxica para o sistema nervoso. Eles bloqueiam a integração natural e harmoniosa entre os lados direito e esquerdo do cérebro, prejudicando muitas das funções importantes do neocórtex:

- Nossa capacidade de autorregulação e manutenção do equilíbrio fica danificada.
- Nossa capacidade de processar informações corretamente e raciocinar diminui bastante.
- Emoções intensas impulsionam nossas reações; reagimos de forma reflexa e impulsiva.

Isso ocasiona um sentimento generalizado de mal-estar e ansiedade. Sem saber que o mal-estar é de fundo fisiológico, tendemos a responsabilizar fatores externos, geralmente culpando outras pessoas ou nos condenando por sermos fracos ou por termos falhas.

A REAÇÃO DE CONGELAMENTO E ENERGIA APRISIONADA

O congelamento (ou imobilidade) é a causa mais importante dos sintomas do trauma nos seres humanos. A ativação não utilizada diante da ameaça fica presa no sistema nervoso.

Quando somos capazes de fugir ou lutar contra uma ameaça, o próprio ato de correr e escapar ou de lutar nos permite usar e descarregar a poderosa energia mobilizada no momento em que percebemos o perigo e colocamos nosso sistema nervoso em alerta. A descarga dessa energia relacionada com a ameaça é essencial para a saúde. Porém, tal energia excitatória muitas vezes não é liberada automaticamente, permanecendo presa no sistema.

Os animais selvagens automaticamente descarregam a energia mobilizada logo que cessa a ameaça. Por instinto, respiram profundamente, tremem, sacodem e expulsam a energia traumática para fora do sistema, sem inibição ou vergonha. As pessoas nem sempre fazem isso.

O documentário *Polar bear alert* (National Geographic, 1997) mostra um exemplo dessa descarga quando um urso polar foi anestesiado por guardas florestais em um helicóptero. O barulho do motor da aeronave fez o urso fugir freneticamente. Uma vez atingido por dardos anestésicos, caiu inerte no chão. Passado o efeito da anestesia, o urso tremeu e se sacudiu dos pés à cabeça, movendo os membros como se continuasse correndo para completar a fuga, que tinha sido interrompida pela anestesia. Então, ele fez várias respirações diafragmáticas e descarregou a enorme energia mobilizada para fugir dos guardas florestais. Uma vez liberada a energia, ele voltou ao estado de relaxamento.

Nós, humanos, muitas vezes bloqueamos esse processo natural e autônomo por medo de perder o controle. Inconscientemente, invalidamos os impulsos involuntários primitivos de descarga. Ao contrário, congelamos várias vezes seguidas, com medo de experimentar novamente o intenso terror ou a forte raiva que sentimos da primeira vez. Essa energia aprisionada mantém nosso sistema nervoso superativado e desequilibrado, enviando mensagens contínuas de que algo não vai bem. Acreditamos que algo ruim ainda está acontecendo ou vai acontecer conosco.

Uma vez presos em um congelamento, as delicadas flutuações entre o sistema simpático e o parassimpático são substituídas por estados intermitentes de excessiva ativação simpática (coração, pensamentos ou fala acelerados, acessos de fúria, ataques de pânico, distúrbios do sono) e, ao contrário, de excessiva excitação parassimpática (desconexão, indiferença, introversão, fadiga, letargia ou depressão). Sentimo-nos esgotados, dizemos que nossos nervos estão "em frangalhos".

Sobretudo, ficamos presos em ciclos alternados de "liga/desliga", com um cérebro reptiliano desregulado e os processos vitais básicos comprometidos; a respiração, os batimentos cardíacos, o sono, o apetite, a temperatura, a transpiração, a função sexual, a autoconservação e a reprodução são prejudicados. Podemos ficar incapacitados para adotar ações protetoras adequadas diante de uma nova ameaça (veja a Figura 6, p. 37).

ESTRESSE PROLONGADO E DESCARGA

A contenção da energia traumática excessiva leva nosso cérebro primitivo a acreditar que a ameaça ainda está presente; assim, ele continua a liberar hormônios do estresse, mantendo-nos sempre na defensiva. O sistema nervoso produz uma reação interna assinalando que estamos diante de uma ameaça externa, apesar de não estarmos mais. *Nós internalizamos o trauma.* Nossa atenção fixa-se nele. Focamo-nos intensamente no que nos parece - e é sentido como - terrível, esquecendo que temos recursos internos e externos para encontrar a cura.

Nossas reações tornam-se padronizadas, e ficamos presos a um tipo de reação mesmo que a situação nos peça outra. Por exemplo, percebemos qualquer situação como uma luta; sempre evitamos confrontos; ou ainda congelamos, desmoronamos e reagimos com resignação a todos os desafios.

O *sistema adrenal* fica exaurido. O sistema produtor de *opioides* (analgésicos naturais no cérebro) é desperdiçado. O corpo perde seus ritmos naturais e, como uma gangorra, oscila entre a hiperexcitação e a apatia, emoções explosivas e entorpecimento (veja a Figura 6, p. 37).

3 Os efeitos do trauma e as alegrias da cura

SINTOMAS DO TRAUMA NO INDIVÍDUO

As rupturas na integração cerebral provocadas pelo trauma podem levar o corpo/mente a um estado de desequilíbrio e gerar sintomas traumáticos que podem se manifestar imediatamente ou demorar meses ou anos para aparecer. Os sintomas do trauma são inúmeros e em geral parecem não ter relação com o acontecimento original que o provocou. Se você acha que tem alguns desses sintomas e não foi capaz de curá-los, eles devem estar ligados a uma experiência traumática do passado. Tratando os os sintomas físicos imediatos, você pode se livrar dos desencadeadores inconscientes do trauma, mesmo que não consiga ligá-los a uma experiência traumática.

Os sintomas do trauma incluem:

Nível físico
- Dores crônicas no peito e nas costas; dores de cabeça, indisposição ou tensão estomacal.
- Tontura, vertigem, desmaio, pressão alta.
- Tensão muscular, câimbras.
- Entorpecimento.
- Enjoo.
- Sinais de hiperexcitação: batimentos cardíacos e pulso acelerados, palpitações.

- Hiperventilação, com respiração rápida ou dificuldade de respirar.
- Aumento da transpiração, arrepios e pele fria e pegajosa.
- *Flashbacks* e pesadelos.
- Ataques de pânico.
- Hipersensibilidade a luz, som, odor, toque e paladar, e movimentos rápidos.
- Cansaço e esgotamento, insônia, perda de apetite e baixa na libido.
- Fraqueza física, paralisia e deterioração da saúde.

Nível emocional

- Emoções irracionais, imprevisíveis, intensas e recorrentes.
- Oscilações de humor abruptas e drásticas, mau humor e irritabilidade.
- Estados de grande ansiedade, com pânico.
- Sentimentos incontroláveis de medo, terror ou raiva, muito depois da ocorrência do incidente traumático.
- Sentimentos profundos de desamparo, desesperança, desespero, depressão e fatalismo.
- Ruptura da habitual sensação de segurança, previsibilidade, autoafirmação e confiança. Perda da fé.
- Sentimentos de isolamento e alienação.
- Sentimentos de culpa.
- Sofrimento profundo.

Nível mental

- Confusão e desorientação.
- Falta de concentração, incapacidade de aprender.

- Esquecimento.
- Crenças paranoicas, pensamentos negativos ou obsessivos.
- Tendência a tornar-se mais radical, mais polarizado e mais intolerante com as diferenças.
- Perda da capacidade de raciocinar e ser razoável.
- Perda da capacidade de tomar decisões.
- Vulnerabilidade e sugestionabilidade.
- Perda do interesse pela família, pelo trabalho, por paixões e interesses.
- Perda de espontaneidade e de confiança.
- Demonstrações de cinismo e desilusão.
- Culpa ou projeção de culpa e/ou de pensamentos violentos nos outros.
- Tendência a culpar, julgar e criticar.

Nível comportamental
- Incapacidade de manter-se funcional na vida cotidiana.
- Comportamento de risco ou impulsivo; passividade.
- Satisfação de algumas necessidades à custa de outras ou à custa de outras pessoas.
- Retraimento, isolamento e impossibilidade de utilizar recursos próprios.
- Vícios e uso de drogas.
- Mudanças no padrão de linguagem e comportamentos antissociais e regressivos.
- Agitação crônica, incapacidade de ficar quieto, pressa, aceleração do pensamento.
- Reações exageradas de alerta.
- Relações interpessoais tensas, violência doméstica.

- Perfeccionismo ou comportamentos compulsivos, como tentativas de recuperar algum senso de controle.

Nível social
- Sentimento de impotência e isolamento social, de que a vida não tem sentido nem ordem.
- Raiva e desalento com a aparente indiferença da sociedade.
- Adoção do papel de pária.
- Ódio e raiva contra a sociedade.
- Desconfiança da humanidade ou aversão a ela.
- Ligação com movimentos extremistas ou cultos destrutivos.
- Sentimento de vergonha por conseguir se proteger enquanto outros permanecem em perigo.
- Síndrome de Estocolmo, devoção aos responsáveis pelo próprio trauma.

Nível espiritual
- Desesperança quanto à vida.
- Perda do sentido de humanidade e sensação de incapacidade.
- Profundos sentimentos de vergonha em relação à vida e a Deus.
- Descrença em Deus ou rejeição a Ele.
- Orgulho que revela insensibilidade e falta de compaixão.
- Abandono da vida religiosa ou, ao contrário, adoção de uma religião radical.

Em crianças pequenas
- Comportamento regressivo em casa.

- Comportamento agressivo e impulsivo.
- Brincadeiras violentas repetitivas.
- Incapacidade de concentração e aprendizagem.
- Retraimento.

Em crianças mais velhas
- Pensamentos suicidas.
- Afastamento de outras crianças.
- Fracasso escolar.
- Abuso de drogas e impulsividade sexual.
- Comportamento violento.
- *Bullying*.

Na família
- Relações tensas e desarmonia familiar.
- Violência doméstica – abuso contra as crianças e entre o casal.
- Rompimentos familiares, separações e divórcios.

No nível coletivo
- Extrema polarização de crenças e emoções contra grupos ou nações.
- Distorção de narrativas coletivas.
- Intolerância crescente às diferenças econômicas, étnicas, culturais e religiosas.
- Uso da mídia para promover intolerância e incitar a violência.
- Violência genocida.
- Xenofobia.

Você pode identificar alguns sintomas dessa lista em si mesmo, em um colega ou em alguém que esteja ajudando. Os sintomas podem aparecer de vez em quando, com frequência ou de modo crônico. Se você perceber que tem muitos sintomas que variam de frequentes a crônicos, não hesite em procurar o apoio profissional de terapeutas especializados na cura do trauma. Também tenha em mente que muitos dos sintomas fisiológicos descritos podem originar-se de fatores orgânicos, e muitos dos psicológicos podem derivar do que chamamos de trauma do desenvolvimento, o que pode ser tratado na terapia comum.

OS EFEITOS DEVASTADORES DO TRAUMA

Ruth, mulher dinâmica e sociável que trabalhava com assistência humanitária, foi sequestrada na Guatemala. Depois de ficar em cativeiro por duas semanas, foi jogada no porta-malas de um carro por horas e, mais tarde, abandonada sozinha no meio da estrada, à noite.

Depois de seu sequestro, Ruth não saiu de casa por meses a fio, aterrorizada com sua própria sombra. Ela tentou, mas não conseguia reunir forças para voltar ao trabalho.

Então, mergulhou numa depressão tão profunda que não conseguia fazer nada, mesmo dentro de casa. Não cozinhava (seu *hobby* favorito) nem ia à igreja. Tremia a cada toque do telefone. Ela se lembrava dos sequestradores pedindo dinheiro à sua instituição e ameaçando sua família. Ruth largou, uma a uma, todas as atividades pelas quais antes era apaixonada: *o clássico sintoma de rejeitar os próprios recursos quando nos tornamos vítimas do vórtice de trauma.*

Sempre que se recordava do seu percurso no porta-malas, durante o qual não sabia se os sequestradores iam libertá-la ou matá-la e largar seu corpo em um terreno baldio, seu coração disparava loucamente e seus ombros se contraíam para a mesma posição em que tinham ficado no carro. Ela também sentia raiva dos sequestradores por terem-na colocado em perigo e terem-na deixado sozinha nas ruas da Guatemala.

Os esforços de sua família e de colegas de trabalho não conseguiram tirar Ruth de sua apatia. Depois de algum tempo, alguns familiares se ressentiram e pararam de tentar persuadi-la a sair, enquanto outros continuaram a lhe dizer que "tudo já passou e você está segura agora. Você tem de superar". Isso apenas aumentava o desespero de Ruth e sua crença de que estava em desacordo com o mundo.

AS ALEGRIAS DA CURA

Recuperar o equilíbrio do sistema nervoso depois do ataque do trauma pode transformar nossa vida. É um presente extraordinário. Quando curamos o trauma, livramo-nos dos sintomas e alcançamos benefícios inesperados. Conquistamos um *self* mais coeso e uma energia renovada para viver intensamente. A cura do trauma pode ser transformadora, uma vez que perdemos antigas inibições e dúvidas e nos rendemos ao mistério e ao encantamento do desconhecido sabendo que agora somos capazes de vencer as dificuldades da vida. A cura do trauma nos liberta para alcançarmos o nosso potencial e para um papel mais ativo na vida. A lista de benefícios inclui:

Nível físico
- Melhor orientação e discernimento diante de novos estímulos.
- Sensação de expansão, amplitude, leveza.
- Impressão de estar centrado e "aterrado", senso de integração profunda.

- Capacidade de entrar facilmente em contato com a experiência interior.
- Capacidade de respirar profundamente; sensação de fluidez, ritmo e completude; expiração tão longa quanto a inspiração.

Nível emocional
- Ter bom acesso às emoções e controle sobre elas; ampla abrangência emocional.
- Capacidade de manter a calma mesmo reconhecendo a iminência de algum perigo.
- Capacidade de sentir-se calmo, alegre, amoroso, sensível, otimista, esperançoso e confiante.
- Capacidade de sentir raiva saudável, medo, aflição ou culpa sem ser dominado pela emoção nem apresentar sintomas.
- Sentir-se potente, conectado consigo mesmo, com os outros e com a natureza.

Nível mental
- Capacidade de reconhecer quando estamos estressados e procurar os recursos necessários para descarregá-lo.
- Clareza mental e continuidade; capacidade de tomar decisões com facilidade.
- Pensamentos positivos e realistas; curiosidade e capacidade de ter *insights*.
- Capacidade de concentração e aprendizagem; boa memória.
- Interesse renovado pela família e pelo trabalho; prazer e autodescoberta.
- Sentir-se potente, estável e forte.

- Tolerar e até mesmo apreciar diferenças; capacidade de ver todos os lados de um problema ou conflito.
- Capacidade de enxergar diferentes opções e escolhas; aceitação dos fatos.

Nível comportamental
- Movimentos fluidos e livres; boa coordenação; ação focalizada.
- Funcionalidade máxima.
- Capacidade de ligar-se a diferentes pessoas e situações e de ter relacionamentos harmoniosos e amorosos.
- Capacidade de atender de forma saudável à maioria das próprias necessidades básicas, ao mesmo tempo que atender às necessidades dos outros.
- Capacidade de usar os próprios recursos, de sorrir e de ser criativo.
- Disponibilidade para o outro e para seus talentos.

Nível social
- Sentimento de estar conectado com a comunidade mais ampla e com o mundo.
- Participação em diferentes círculos e contribuição a eles.
- Preocupação com a humanidade e trabalho em benefício do bem comum.
- Compromisso com deveres cívicos.

Nível espiritual
- Profunda consciência de nossa verdadeira natureza e capacidade de se ver objetivamente.

- Desenvolvimento espiritual; maior consciência e compaixão por si mesmo e pelo próximo.
- Engajamento em prática religiosa compassiva.
- Humildade e gratidão.
- Sentir-se conectado com Deus; capaz de sensações de reverência e de êxtase.
- Perceber o que há de bom e de ruim em si mesmo, nos outros, na vida e optar por manter-se focado no bem.
- Generosidade e desejo de doar e ajudar; capacidade de compartilhar.

Em crianças pequenas
- Liberdade para ficar à vontade em casa e para apresentar comportamento cooperativo na escola.
- Curiosidade e abertura para receber informação; capacidade de concentração e aprendizagem.
- Comportamento engajado e brincar saudável.

Em crianças mais velhas
- Pensamento positivo.
- Sucesso escolar; comprometimento com atividades criativas.
- Interação social saudável sem uso de drogas nem abuso sexual.

Nível familiar
- Relacionamentos estáveis e equilibrados e harmonia familiar.
- Desempenho saudável do papel sexual e geracional.
- Limites adequados entre crianças e adultos.

Nível coletivo
- Patriotismo saudável, em equilíbrio com valores universais.
- Sentimento de pertencimento à família das nações.
- Narrativa coletiva equilibrada.
- Aprofundamento dos valores pluralistas, tolerância de diferenças religiosas, culturais, étnicas e econômicas.
- Resolução pacífica de conflitos.

4 A correnteza da vida com o vórtice de trauma e o vórtice de cura

A CORRENTEZA DA VIDA

A metáfora da "correnteza da vida" descreve *nossa vida emocional, que flui como um rio entre suas margens*. Esse rio contém todas as sensações, sentimentos, pensamentos e comportamentos que estão sob nosso controle. Também existem pedregulhos e rochas no leito do rio, as situações difíceis que enfrentamos no passado, que podem ser responsáveis por algumas particularidades de nossa personalidade, mas ainda são parte do rio e estão sob nosso controle.

Quando o choque traumático é muito forte, provoca uma ruptura na margem do rio, criando uma súbita corrente de energia, que sai do nosso controle: *o vórtice de trauma*. A atração do redemoinho do vórtice de trauma reduz o fluxo do rio e diminui nossa capacidade de administrar sensações, sentimentos, pensamentos e comportamento. Se esse vórtice não for descarregado, se fixa em nosso corpo/mente, tornando-nos facilmente vulneráveis a repetições e à hiperativação. Por outro lado, aprendemos a temer e a evitar esse vórtice, despendendo tempo e energia na tentativa de nos livrar de quaisquer possíveis desencadeadores e ligações com ele – e, consequentemente, criando barreiras artificiais e limitando a abrangência da vida.

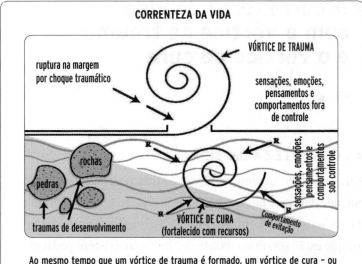

Figura 7

O "VÓRTICE DE TRAUMA"

O "vórtice de trauma" descreve *uma espiral autoperpetuadora de dor e confusão que existe fora da correnteza da vida*. Ele evoca a natureza dinâmica e sempre crescente do impacto do trauma. É a representação do turbilhão de memórias traumáticas intrusivas e persecutórias; do desamparo e da desesperança, da incapacidade de controle fisiológico, emocional, mental e comportamental que assolam o traumatizado.

- Quando ficamos imobilizados no vórtice de trauma, toda a sensação de normalidade desaparece; desconectamo-nos do nosso corpo, assim como dos outros.

- Como o sistema nervoso costuma reter as memórias por um tempo mais longo que a mente consciente, ser capturado no vórtice de trauma faz que o indivíduo evite – sem entender por que – pessoas, lugares, alimentos, odores e sons que inconscientemente lhe recordam o incidente traumático e reaja fortemente a eles.
- Além de alterar o equilíbrio social, psicológico e biológico, o trauma também pode destruir a sensação do indivíduo de ter seu lugar no mundo. Quando isso acontece, para alguns de nós, o próprio mundo passa a ser percebido como imoral e imprevisível, tornando-se o uso da violência aceitável.
- O vórtice de trauma pode desenvolver-se rapidamente ou ao longo do tempo. Pode ficar adormecido e voltar a ser desencadeado meses ou décadas mais tarde. Ele é agravado por situações nas quais já tínhamos dificuldade de satisfazer nossas necessidades.

Apesar de sabermos que o trauma pode afetar as pessoas a cada momento, estamos começando a aprender que *a solução e a cura podem ser obtidas logo.*

O "VÓRTICE DE CURA"

O "vórtice de cura" se refere à capacidade inata do ser humano de lidar com a tragédia e de se curar de suas consequências.

Pesquisas recentes confirmam que a cura do trauma é possível. Elas mostram que o cérebro humano é flexível: pode regenerar-se a qualquer momento e levar o organismo de volta ao equilíbrio. O importante é que ele consegue formar novas conexões neuronais inspiradas e moldadas por relacionamentos sadios e novas experiências positivas durante a vida.

Notavelmente, o *vórtice de cura* é acionado *no sistema nervoso no mesmo momento que o vórtice de trauma é desencadeado*. Mas, se o trauma for muito devastador, em magnitude ou impacto, o vórtice de cura precisará de ajuda para emergir: consciência e recursos dão a partida (veja os Capítulos 5 a 7). Recursos relembram nosso sistema nervoso de sua habilidade de autorregulação e ativam nossa capacidade de resposta. Com o vórtice de cura fortalecido, somos capazes de processar a experiência traumática e integrá-la na correnteza da vida, recuperando o nosso controle emocional e mental. A resolução dos traumas nos fortalece e até nos ajuda a descobrir forças que nunca pensamos possuir.

Existem técnicas que nos ajudam a inverter a espiral do vórtice de trauma, acionando o vórtice de cura e devolvendo a sensação de bem-estar e segurança ao sistema nervoso, ao corpo e ao cérebro. Tais técnicas ajudam a regular o sistema nervoso autônomo e a curar os sintomas pela descarga do excesso de energia ainda armazenado no corpo, mesmo muito depois da ocorrência do incidente traumático.

Uma vez que a energia represada é descarregada, o corpo para de liberar os hormônios que nos preparam para a defesa. Paramos de internalizar a ameaça e esperar que o próprio trauma se repita. Podemos progredir de verdade – tanto corporal como mentalmente.

Podemos usar esses conceitos para *permanecer conscientes de nossa capacidade de ativar o vórtice de cura e resistir à atração do vórtice de trauma na direção de reações negativas*. Conhecer as diferentes características do vórtice de trauma ajuda-nos a resistir à sua influência e a superá-lo.

DO VÓRTICE DE TRAUMA AO VÓRTICE DE CURA

Marla procurou a terapia com a queixa inicial de sentir um medo incompreensível de cachorro e de incapacidade de manter um emprego. Ela também se distanciou da família, convencida de que tinha sido abusada pelos pais na infância. Mais tarde, Marla revelou que não mantinha um emprego em horário comercial porque não conseguia acordar antes das 9h, e se repreendia por isso.

Enquanto explorava seu medo de cachorro na terapia, Marla se lembrou de repente que, aos 9 anos, fora molestada sexualmente no caminho para a escola, acontecimento que ela reprimira por inteiro. Dois homens a atacaram e ameaçaram matar sua família se contasse a alguém, e ela reprimiu a lembrança aterradora. Percebeu que era o seu medo de deixar escapar a verdade para seus pais que a fazia sentir-se desconfortável com eles, e não o que vinha pensando há anos – que eles haviam abusado dela.

Além disso, Marla compreendeu por que não conseguia acordar antes das 9h. Seu corpo temia a lembrança inconsciente do abuso, que aconteceu às 7h, e não queria permitir que ela corresse aquele risco novamente.

Depois de recuperar a memória, Marla foi capaz de retomar o relacionamento com os pais, ansiosa por compensar o tempo perdido. Também superou seu medo de cachorro; na verdade, lembrou que no dia em que foi molestada ouvira cães latindo atrás de uma cerca, o que interpretou como uma tentativa dos animais de defendê-la. Ela conseguiu um emprego normal, em horário comercial, no qual utilizava todas as suas habilidades e recebia um bom salário.

DESENCADEADORES INCONSCIENTES

Em sua reação imediata a uma ameaça, o cérebro primitivo produz uma imagem instantânea de tudo que está se passando ao seu redor naquele momento: indivíduos, animais ou outros objetos presentes, cores, sons, odores, local, clima e até mesmo a época do ano.

Mais tarde, qualquer um desses elementos pode se tornar um sinal de ameaça e desencadear o antigo medo. Sentimo-nos perplexos ou tolos quando ficamos com medo em situações que conscientemente sabemos ser benignas, mas nas quais nossa memória corporal reconhece a realidade do trauma passado. Acabamo-nos sentindo desesperados ou enlouquecidos, combativos e defensivos, ou, por outro lado, simplesmente ficamos entorpecidos e retraídos sem saber por quê.

O IMPULSO DE REPETIÇÃO: A ATRAÇÃO DO VÓRTICE DE TRAUMA

Inconscientemente, o corpo nos leva a repetir os acontecimentos traumáticos na tentativa de conseguir um melhor resultado e, por fim, descarregar a energia traumática armazenada. Porém, toda vez que revisitamos o incidente traumático sem descarregar a energia excedente, mais energia é aprisionada e acumulada em nosso sistema, aprofundando o impacto de um trauma reencenado.

Considerando o papel da química cerebral – adrenalina e endorfinas – no trauma inicial e na sua reativação, começamos a entender o motivo dessa repetição. Os dois hormônios, cada um à sua maneira, viciam. Endorfinas trazem bem-estar. Diminuem nossa percepção da dor, permitindo que nossos esforços de sobrevivência alcancem a máxima eficiência. Mas, depois do trauma, nosso sistema deseja voltar a sentir-se bem como antes, quer aquelas endorfinas mais uma vez, como uma recompensa para o corpo quando se encontra de novo no cenário traumático. Não devemos encarar a reativação do trauma como sinal de um caráter irresponsável e falho, mas de uma tentativa malsucedida de curar antigas feridas.

A reativação do trauma ainda não é facilmente percebida. O indivíduo só procura tratamento depois que uma série de traumas força-o a reconhecer um padrão doloroso e disfuncional. Em nível coletivo – grupos de pessoas, sociedades ou nações – o impulso inconsciente e compulsivo de reativar o trauma é perturbador e extremamente perigoso.

EXEMPLOS DE REENCENAÇÃO DO TRAUMA

Durante os primeiros anos de minha prática psicoterápica, desconhecendo a força de atração do vórtice de trauma e sua tendência à reativação, eu ficava confusa com as histórias de meus clientes sobre situações traumáticas repetitivas, que sempre pareciam improváveis. Um cliente relatou uma série de dez acidentes de carro, muitos deles resultando em batidas do lado esquerdo do carro. Outra foi estuprada quatro vezes. Uma mulher me procurou depois do sétimo aborto. Um quarto cliente tinha quebrado o joelho direito cinco vezes por cinco anos seguidos. Por seis anos consecutivos, um veterano do Vietnã foi preso pela polícia, sempre no dia 5 de julho, data em que um companheiro tinha morrido em seus braços durante a guerra. Essas reativações do trauma realçam a natureza desconcertante do trauma repetitivo.

REATIVAÇÃO DO TRAUMA E A SÍNDROME DO ANIVERSÁRIO

O ser humano – como os animais – tem relógios internos baseados na variação sazonal da luz e até das fases da lua, que são muito sensíveis à passagem do tempo. Condições externas sutis, tais como temperatura e luz no momento do trauma, são armazenadas na memória subconsciente. Quando essas circunstâncias se repetem durante a mudança natural das estações ou dos anos, o vórtice de trauma é inconscientemente reativado. Essas reativações externas cíclicas geralmente levam à reativação repetitiva do trauma, ocorrendo no aniversário deste.

PROJEÇÃO

Se uma situação reativada permanece sem solução, procuramos uma explicação para toda aquela energia traumática que incomoda nosso corpo/mente. Infelizmente, sempre encontramos fora de nós mesmos a causa do trauma repetitivo. Projetamos essa energia nos outros, culpando-os de nosso terrível desconforto e atacando-os para nos "proteger". Isso por certo cria conflitos interpessoais desnecessários, assim como conflitos entre grupos e nações, perpetuando e aprofundando o ciclo da dor.

TRAUMA E VALIDAÇÃO

Diante do poderoso domínio exercido pelo trauma sobre as pessoas, seus entes queridos ficam confusos e críticos. Cobram os indivíduos traumatizados, dizendo: "Esqueça isso!" "Para que continuar pensando nisso?" Mas essa falta básica de conhecimento do fundamento biológico do trauma só aumenta o sofrimento do traumatizado. Pessoas que são tomadas pela reativação repetitiva e involuntária do trauma já se repreendem de modo severo por um comportamento que sabem ser destrutivo, mas sobre o qual não têm controle.

Aqueles que não entendem de onde vem seu mal-estar e projetam seus sentimentos nos outros, culpando o mundo por seu próprio sofrimento, acabam carregando uma carga triplicada. Quando criticamos, rotulamos ou julgamos a pessoa afetada pelo trauma, só aumentamos sua imensa dor e o caos que o trauma traz para sua vida.

Paradoxalmente, legitimar as experiências e o sofrimento das pessoas, por mais ilógico e desnecessário que ele pareça, ajuda o traumatizado a abandonar sua necessidade de compreensão e de credibilidade, permitindo que o vórtice de cura seja ativado. Esse mesmo princípio se aplica a grupos e a nações que aparentam estar mergulhados em sofrimento – muitas vezes provocado há séculos –, mas de fato nunca tiveram suas terríveis experiências plenamente validadas.

TRAUMA, VERGONHA E SEGREDO

A vergonha é uma força poderosa quando estamos traumatizados, prejudicando seriamente nossa capacidade de buscar ajuda e de se curar. A vergonha traumática é diferente da vergonha social, natural, que a maior parte de nós aprende a processar e que nos ajuda a amadurecer. A vergonha traumática pode ser um poço sem fundo de sofrimento, que nos desconecta da autocompaixão, da crença de que pertencemos à humanidade e de que Deus está ao nosso lado. A vergonha nos faz guardar nossos segredos traumáticos, o que nos separa ainda mais dos

recursos que podem nos ajudar a curar-nos e nos fazem sentir-
-nos alienados.

TRAUMA E VERGONHA

John não conseguia se perdoar por sua incapacidade de proteger uma colega de trabalho de bandidos armados que os ameaçaram, brandindo metralhadoras. Ele interpretou a reação de congelamento como "falta de masculinidade", sem entender que tal congelamento não foi resultado de fraqueza de caráter ou vontade, mas uma reação instintiva de sobrevivência desencadeada no nível mais profundo de seu cérebro. Naquele momento, foi a melhor opção para sua segurança.

Ele manteve seus sentimentos em segredo, sentindo culpa e vergonha esmagadores.

John desenvolveu outros sintomas traumáticos, que ele não percebia estar ligados a essa experiência traumática ocorrida há tanto tempo. A energia traumática excedente armazenada em seu sistema evoluiu para uma profunda sensação de inquietação e impotência. Ele oscilava entre ansiedade e inquietação e entorpecimento e desconexão do que ocorria à sua volta. O relacionamento com a namorada estava abalado por sua falta de interesse sexual e seu trabalho ficou prejudicado pela sua desorientação crônica, incapacidade de concentração e extrema fadiga, consequências do constante estado de hipervigilância de seu cérebro.

O medo de ser agredido novamente se tornou um companheiro do dia a dia. A sensação de segurança e autoconfiança abalou-se. A vida ficou imprevisível; a desconexão de si mesmo lentamente se estendia para os outros, levando ao isolamento e afastando os recursos que poderiam curá-lo. Ele se viu oscilando entre o terror e a ansiedade (reação de fuga incompleta) e entre a raiva e o ódio (reação de luta incompleta).

Apenas quando, na terapia, revelou seu "segredo vergonhoso" e trabalhou com a energia excedente armazenada, John conseguiu curar suas feridas traumáticas.

O PODER TRANSFORMADOR DOS VÓRTICES DE TRAUMA E DE CURA

O paradoxo implícito na metáfora da correnteza da vida, com seus vórtices de trauma e de cura, nos ensina que, *ao mesmo tempo que a experiência do trauma tem um incrível poder de destruição, também tem o poder de nos tornar mais fortes e de nos levar a uma renovada valorização da vida.* Além disso, a superação do trauma pode nos ensinar a desenvolver empatia mais profunda pelo sofrimento do outro.

Temos a capacidade inata de nos recuperar automaticamente de experiências de extrema ameaça e de levar a cabo a autocura. Mas, quando certas experiências são tão desafiadoras a ponto de tornar-se traumáticas, ficamos sobrecarregados e não conseguimos lidar com elas nem nos recuperar sozinhos. *Nesse momento precisamos acionar conscientemente o vórtice de cura para reconectar-nos à nossa capacidade inata de autocura.*

Que ferramentas podem ser usadas nessas circunstâncias? Como você verá nos Capítulos 5 a 7, decidimos descrever a ferramenta terapêutica chamada *Experiência Somática* (SE®), que consideramos uma das técnicas mais eficientes e benéficas que as pessoas podem utilizar fora do consultório, transculturalmente aceita, para buscar autoconhecimento e autorregulação.

ESTUDO DE CASO: O VÓRTICE DE TRAUMA E O VÓRTICE DE CURA

A Sexta-Feira Santa de 1952 foi o dia do ano em que mais ventou em uma pequena cidade perto de Paris, França. Josephine, a terceira das quatro filhas da família, tinha 2 anos de idade quando seu pai morreu em um sinistro acidente, atingido na cabeça por uma árvore. Um mês depois, quando sua mãe deu à luz a uma menina,

Josephine entrou em choque profundo. Por acreditar que era a culpada pela morte do pai, ela nunca mais chorou ou pediu alguma coisa. Sua mãe, sobrecarregada com a morte do marido e o nascimento do bebê, não se deu conta do comportamento de Josephine.

Aos 6 anos, Josephine passou por uma cirurgia de apêndice e perdeu um ano de escola. Na ocasião, sua mãe perdera o negócio da família e todo seu dinheiro. Ela enviou a filha mais velha para viver com uma tia e Josephine para um orfanato porque "ela era uma boa menina e não reclamava". A segunda irmã ficou com a mãe, por ser uma criança independente, que ia sozinha à escola e ajudava a mãe a cuidar do bebê. Josephine viveu no orfanato por cinco anos, até completar 11 anos, quando a mãe percebeu o que tinha feito e a trouxe para casa.

Durante o período que permaneceu no orfanato, Josephine se sentiu abandonada e desvalorizada. Ela desenvolveu um ciúme feroz das duas irmãs que ficaram com a mãe. Josephine se transformou de "boa menina que nunca reclamava" em criança furiosa que foi apartada da família. Tornou-se totalmente autossuficiente, não pedia nada a ninguém e criticava os presentes de sua mãe e irmãs. Por muitos anos foi assombrada pela pergunta: "Por que eu e não as minhas irmãs?"

"Porque você era a boazinha", era a única resposta.

Josephine tinha vários sintomas. Sentia-se sempre rejeitada e com raiva. Frequentemente, caía em profunda depressão quando não conseguia dar vazão à sua raiva. Sentia que não pertencia a ninguém; não conseguia trabalhar para ninguém e tinha de se sustentar por conta própria. Tornou-se escritora.

Ela perturbava-se quando via uma menina segurando a mão do pai. Temia a gravidez e vomitava quando via uma mulher grávida. Sua própria gravidez foi muito difícil para ela.

Finalmente, desenvolveu sintomas físicos que perduraram por 30 anos: dificuldades respiratórias, pés enrijecidos e o corpo preso como em um nó. Apenas nos últimos 15 anos, depois de muita terapia, ela sentiu seus pés finalmente relaxarem.

O ápice dessa série de traumas se deu quando Josephine foi entrevistar uma celebridade para um artigo que estava escrevendo. Depois de seis horas dirigindo, ela chegou à casa de campo dessa pessoa exausta, com sede e fome. Apesar de seu estado físico, a pessoa pediu-lhe que esperasse fora e só retornasse duas horas mais tarde, assim que ela terminasse sua refeição. Nesse momento, Josephine foi tomada pelos seus antigos sentimentos de abandono e inutilidade. Escreveu um péssimo artigo. Retornou a Paris totalmente deprimida e parou de trabalhar por seis meses. No fim, decidiu deixar a França e mudar-se para os Estados Unidos. Logo após essa mudança, descobriu a psicoterapia e começou a compreender o que acontecera com ela. Descobriu que não tinha de ser sempre independente e poderia até pedir ajuda. Depois de alguns anos, muitos de seus sintomas físicos e emocionais desapareceram. O nascimento de seu filho também foi de grande ajuda.

Embora continue independente, Josephine aprendeu a pedir ajuda. Ainda fica irritada, mas não se sente mais culpada por isso; aprendeu a superar a raiva rapidamente e a não precisar cortar relações com quem a deixa brava. Apesar de ainda sofrer quando se sente rejeitada, essa rejeição não a devasta mais.

> Se "treinamos estar presentes" nas experiências difíceis, estressantes ou traumáticas aos poucos, sem tentar fugir delas, sem rotulá-las, sem evitá-las nem julgar ou criticar o que sentimos, podemos descarregá-las e curar seu impacto negativo.
>
> ∞
>
> Embora pareça contraintuitivo, focar durante um curto tempo nas sensações desconfortáveis geradas por uma experiência traumática na verdade relaxa essas constrições em vez de ampliá-las, permitindo ao corpo mudar e reestabelecer seu equilíbrio natural, base de nosso bem-estar. A figura acima representa o princípio desse trabalho: a "pendulação" inata ou o movimento de ida e volta do organismo entre constrição e expansão, estreitamento e abertura, trauma e cura.

PARTE II

Ferramentas para a cura

5 Usando a linguagem das sensações e a sensopercepção para curar o trauma

6 Descarregando a energia traumática

7 Usando nossos recursos para curar o trauma

8 Obstáculos no caminho da recuperação individual

9 O que precisamos saber sobre o vórtice de cura

5 Usando a linguagem das sensações e a sensopercepção para curar o trauma

A DISPOSIÇÃO INATA PARA A CURA

Assim como podemos fortalecer os músculos com exercícios, é possível aumentar nossa resiliência desenvolvendo e praticando reações saudáveis diante de ameaças e traumas.

A *Experiência Somática*® é uma ferramenta terapêutica que cura o trauma ao nos ajudar a integrar as várias partes do cérebro, restaurando o controle de nosso cérebro racional. Ela também usa a consciência focalizada nas sensações internas para regular o sistema nervoso, restabelecer um fluxo saudável de energia no corpo e integrar nossos pensamentos e emoções.

A SENSOPERCEPÇÃO COMO FERRAMENTA BÁSICA PARA O AUTOCONHECIMENTO

A sensopercepção é a linguagem do corpo/mente. *Ela nos informa instantânea e simultaneamente sobre o ambiente externo e interno.* A sensopercepção nos diz, por exemplo, em qual posição nosso corpo está, quando está se movendo e onde está tenso. Utiliza nossa consciência sobre o que está acontecendo internamente para nos dizer como nos sentimos a respeito do que experimentamos em dado momento. Ela nos dá informações mesmo quando não estamos conscientes dela.

Uma das ferramentas mais importantes para evocar o vórtice de cura, a sensopercepção tem mais relação com o que *sentimos* do que com o que *pensamos*. Parte da natureza instintiva do homem, ela é uma energia do corpo/mente que tem sabedoria intrínseca, além de sabedoria mental. Permite um conhecimento intuitivo mais profundo, dando-nos um tipo de informação diferente daquela que nosso cérebro pensante em geral proporciona.

Pesquisas confirmaram que a capacidade de conexão com a sensopercepção determina a rapidez com que uma pessoa se recupera do trauma. Para fazê-lo, precisamos ser capazes de focar a consciência nas sensações físicas e permitir que os processos autônomos e instintivos se completem. Tornamo-nos mais integrados quando combinamos nossos instintos animais com a capacidade humana de usar a consciência.

Utilizar a sensopercepção como ferramenta de cura demanda mudar o foco de emoções e pensamentos para a sua expressão física, a camada mais profunda e mais básica de nossa experiência. Chamamos essas expressões físicas de "sensações". De constrição ou de abertura, as sensações nos permitem ler a experiência em termos de prazer ou desprazer, conforto ou desconforto.

Ao nos permitir acessar essas experiências internas, a sensopercepção ajuda-nos a sintonizar nossos impulsos instintivos sutis e nossos *recursos*, fundamentais para a cura do trauma. Como veremos no Capítulo 7, *um "recurso" é qualquer pessoa, lugar, objeto, memória, experiência positiva, ação ou qualidade pessoal que evoque sentimentos calmos e suaves ou uma sensação de poder.* Os recursos eliciam sensações *agradá-*

veis no nosso corpo. Mesmo assim, às vezes passamos rapidamente de um recurso para uma constrição. Quando isso acontece, temos de voltar a atenção para o recurso.

Como os pensamentos e as emoções são mais complexos e, portanto, atraem mais fortemente nossa atenção, pode parecer difícil manter a consciência focada apenas nas sensações físicas. Às vezes, as sensações podem ser muito intensas. Mas, quando entendemos que uma sensação tem vida curta, e que a sensopercepção ajuda a nos movimentarmos por sensações difíceis rápida e suavemente, fica mais fácil focalizá-las, não importando quão desconfortáveis elas pareçam naquele momento.

Manter o foco na sensopercepção permite que a sensação de constrição se dissipe. Voltar-se para a sensopercepção é mais ou menos como meditar. Fazemos isso suavemente, sem forçar, focalizando a consciência no que experimentamos e não no que pensamos. Quando palavras, imagens, pensamentos e emoções vêm à tona, percebemos, mas permanecemos focados em nossas sensações. Mantemos uma atitude imparcial e curiosa, sem tentar explicar ou interpretar o que observamos.

Ter a capacidade de acessar a sensopercepção permite-nos sentir mais firmes e à vontade com nosso corpo. Aperfeiçoa a sensação de equilíbrio e coordenação. Propicia experiências sensoriais mais intensas e melhora a memória.

> Se pensamentos e imagens vierem à tona, não associe significado a eles. A melhor informação para estabilizar o sistema nervoso vem das sensações, e não de palavras, imagens e *insights*. Movimente-se pela sensopercepção como se estivesse fluindo pela correnteza.

A SENSOPERCEPÇÃO COMO UM FLUXO

Talvez você prefira parar um pouco e fazer os Exercícios 1 e 2, ou voltar a eles mais tarde. Para facilitar, também agrupamos os exercícios no final do livro.

EXERCÍCIO 1
Familiarizando-se com a sensopercepção

Sinta os pés no chão e a maneira como seu corpo faz contato com a cadeira. Sinta seu corpo em detalhe: note como a cadeira está sustentando o seu corpo. Perceba a sensação da roupa sobre a pele, como a gola da camisa toca seu pescoço. Sinta onde a calça ou a saia toca suas pernas e onde seu cabelo toca sua nuca.

Agora, perceba as sensações dentro dos limites de seu corpo. Que sensações você percebe sob a pele? Leve todo o tempo que precisar para notar as sensações sutis e as nem tão sutis. Repare na respiração, nos batimentos cardíacos e nas sensações no peito, no estômago e nos membros. Observe o queixo, o rosto e a cabeça. Repare se o seu corpo está confortável. Permita que seu corpo se mova até sentir-se assim.

Como você reconheceu que se sentia confortável ou desconfortável? Como percebeu que seu corpo queria se mover? Que sensações contribuíram para que você se sentisse confortável? Suas sensações ficaram mais ou menos intensas quando você focou a atenção nelas? Você se sentiu mais ou menos confortável? Suas sensações se modificaram? Que parte de você as percebeu?

A sensopercepção é nossa capacidade de focalizar internamente e fazer uma rápida avaliação de como estamos nos sentindo com relação ao ambiente e de como queremos reagir. Focalizar as sensações internas com a sensopercepção nos permite perceber e acessar nosso nível de conforto e desconforto, dando a medida de nossa experiência.

EXERCÍCIO 2
Praticando a sensopercepção

É possível praticar a sensopercepção da mesma forma que exercitamos os músculos.

Reserve um minuto apenas para olhar à sua volta, memorizando cada detalhe do ambiente. Perceba todos os detalhes que não tinha notado antes.

Então, por mais um minuto, feche os olhos e perceba todas as sensações do seu corpo. Respiração, batimentos cardíacos, tônus muscular de braços e pernas. Perceba o queixo, o rosto e o pescoço. Note se está sentindo algo no estômago. Perceba se e onde existe fluxo ou tensão no seu corpo; anote mentalmente, sem fazer nada a esse respeito. Realizando esse exercício duas ou três vezes por dia, por duas semanas, você terá acesso à sensopercepção sempre que precisar.

USANDO AS SENSAÇÕES, A LINGUAGEM DO CÉREBRO PRIMITIVO

O cérebro reptiliano usa a linguagem das sensações, das imagens e das metáforas. Para entrar no vórtice de cura, é importante acessar conscientemente nossas sensações e experimentá-las fisicamente. *Para curar o trauma, precisamos apenas focalizar conscientemente nossas sensações – em seu ritmo, sutileza e variedade – e não apenas de forma racional, lógica ou pensante.*

Focalizar as sensações do corpo pode intensificar nossa experiência no início. Mas, como as sensações têm vida curta – começo, meio e fim – e estão sempre mudando e fluindo, focalizá-las mobiliza a cura mais rapidamente do que focalizar os processos mais complexos dos pensamentos e das emoções. Também nos permite abordar o conteúdo traumático pouco a pouco, em passos muito pequenos, respeitando a sensibilidade do processo.

Além disso, podemos decompor sentimentos ou pensamentos difíceis em expressões físicas a fim de lidar com eles mais facilmente.

Falamos com o cérebro primitivo da forma oposta à que usamos para falar com o neocórtex. Não perguntamos: "O que eu penso?" Perguntamos: "Qual é a minha sensação e o meu sentimento?" "Quais são as características de minhas sensações?"

O simples fato de identificar os elementos específicos de nossas sensações ajuda-as a se mobilizar e a mudar. Esse é o incrível poder que a consciência, focalizada na sensopercepção, tem sobre o corpo/mente.

Grounding

Entrar no mundo das sensações internas é muito impactante. Por isso, antes de começar, queremos que você tenha uma "apólice de seguro" para evitar ser sugado pelo vórtice. Às vezes, quando se tenta trabalhar com um tema difícil e perturbador, é preciso focar em sensações de aperto e constrição que esse tema faz aflorar. Você pode ser dominado pela força dessas sensações e mergulhar no vórtice de trauma sem conseguir manter sua consciência dual, isto é, a capacidade de testemunhar sua experiência sensorial sem ser engolido por ela. O próximo exercício, de *grounding* (aterramento), o manterá fora do vórtice de trauma e o ajudará a recuperar sua consciência dual. Depois, você poderá continuar com os demais exercícios. Entretanto, se você se perceber mergulhando no vórtice e precisando "aterrar" muitas vezes, ou não sendo capaz de manter a consciência dual sempre que volta àquele tema, é melhor procurar ajuda profissional.

Você pode fazer o exercício 3 agora ou mais tarde.

> **EXERCÍCIO 3**
> **Fazendo *grounding* ao se sentir muito agitado**
>
> Se você começar a sentir mais e mais constrição, sem conseguir sair dessa situação, poderá "aterrar" imediatamente e vir para o "aqui e agora", sentindo os pés no chão e pressionando-os levemente contra o assoalho. Se está sentado, sinta como o espaldar da cadeira sustenta suas costas. Olhe em torno da sala e perceba dez diferentes texturas no ambiente. Caso ainda se sinta agitado, olhe ao seu redor e conte quantas cores diferentes há ali. Lentamente você se acalmará e deverá readquirir o controle sobre seu corpo. Não é possível estar no "aqui e agora" e no vórtice de trauma ao mesmo tempo.
>
> Depois que se sentir "aterrado", volte aos exercícios. Caso ainda se sinta agitado, peça a um amigo ou familiar que converse com você até se acalmar novamente. Tente outra vez e, se for sugado pelo vórtice de trauma a cada tentativa, procure ajuda profissional.

A LINGUAGEM DAS SENSAÇÕES

Para acessar melhor a sensopercepção é importante familiarizar-se com a linguagem das sensações. Trata-se de um vocabulário que conhecemos mas não estamos acostumados a aplicá-lo à nossa experiência interna. Quando alguém nos pergunta "Como vai?", não temos por hábito responder: "Experimento um formigamento agradável no peito, um calor no estômago ou uma sensação fluida nos braços que me trazem uma sensação de bem-estar". Se nos sentimos mal, não dizemos:

"Sinto um aperto no peito, voltas e nós no estômago" ou "Estou enjoado". Você poderá usar a lista de sensações que sucede o Exercício 4. Você pode fazê-lo agora ou mais tarde. Ele vai ajudá-lo a exercitar a capacidade de descrever suas sensações detalhadamente.

EXERCÍCIO 4
Rastreando e "entrevistando" sensações

Quando perceber uma sensação no corpo, "entreviste-a": observe onde está localizada, se tem forma, cor ou temperatura. Perceba se é maciça ou oca e se tem textura. Use a lista a seguir para descrever quatro sensações que está experimentando agora e escolha três características para cada uma. Exemplo: minha respiração está calma, profunda e fluente; minha mandíbula está tensa, dura e dolorida.

LISTA DE SENSAÇÕES

CONSTRIÇÃO / TRAUMA		EXPANSÃO / CURA	
anestesiado	inseguro	fluindo	liso
desconectado	enjoado	consciente	calmo
de madeira	congelado	fluido	solto
amarrado	apertado	livre	leve
dolorido	vacilante	formigamento	estável
oco	trêmulo	compacto	firme
contraído	oscilante	expansivo	alegre
pesado	tonto	flutuante	equilibrado
frio	instável	quente	aberto
gelado	sufocante	elétrico	efervescente
bloqueado	com tiques	energizado	sólido/estável
congestionado	coçando	fluente	profundo
vazio	inseguro	cheio	seguro

UM TEMPO PARA SENSAÇÕES E MOVIMENTOS

O tempo é um elemento importante para a liberação da energia traumática. Não temos o costume de praticar a sensopercepção e escutar nossos instintos. Leva algum tempo – mesmo que sejam apenas alguns minutos – para entrar em contato com nosso mundo interno. A velocidade do neocórtex é sete vezes maior que a velocidade do cérebro primitivo; demoramos para ter consciência das necessidades do nosso corpo/mente e para aprender a falar a linguagem mais lenta das sensações e das imagens.

Precisamo-nos dar tempo para experimentar as sensações e permitir que o corpo descarregue o excesso de energia; devemos completar os movimentos defensivos interrompidos que o corpo quis fazer em reação ao perigo; precisamos de tempo para perceber o que não conseguimos notar durante o incidente traumático, a fim de reagir agora de um jeito que não foi possível naquela ocasião.

A POLARIDADE CONSTRIÇÃO *VERSUS* EXPANSÃO

A cura do trauma pela SE® baseia-se no princípio da polaridade – tudo na vida vem em pares de opostos, como *yin* e *yang*, feminino e masculino, claridade e escuridão.

A Experiência Somática® conta com a polaridade de constrição e expansão, ritmo natural da vida em nosso corpo. Se focalizarmos a atenção na constrição quando estamos no vórtice de trauma, isso naturalmente gera uma expansão, movendo-nos para o vórtice de cura. Tal ritmo permite-nos mover-nos entre experiências agradáveis e desagradáveis sem perder o equilíbrio.

O trauma naturalmente nos leva à contração – tornamo-nos um alvo menor e mais encolhido na tentativa de nos manter em segurança e nos descontraímos quando o perigo passa. Mas, se nosso sistema fixa-se no congelamento, a constrição torna-se crônica. Assim, perdemos os benefícios da polaridade inerente que traz a expansão natural e o relaxamento; nossa atenção fixa-se no vórtice do trauma; a realidade se estreita e nos fixamos no medo. Deixamos de nos envolver com a vida e evitamos relacionamentos e novas experiências. Na cura do trauma, nossa meta é deixar o sistema nervoso desemperrado para que possa passar à expansão novamente. Para tanto, partimos do princípio da polaridade e da pendulação.

PENDULAÇÃO

Pendulação – oscilar como um pêndulo – descreve a capacidade de mover o foco da consciência entre as sensações de constrição e de expansão no corpo a fim de liberar a tensão traumática. Por exemplo, movemos a consciência para trás e para a frente, entre uma sensação de aperto na garganta e a sensação de segurança e equilíbrio nas nossas pernas, até que a constrição se libere.

Com a consciência, a expansão sempre vence a constrição; sem consciência, a constrição vence, sendo responsável pelo contágio do trauma. Embora esse processo de *looping* esteja sempre disponível para nós, quando ficamos sobrecarregados não conseguimos ter acesso ao processo de descarga e precisamos usar a consciência focalizada para restabelecê-lo.

Você pode fazer o Exercício 5 agora ou mais tarde.

EXERCÍCIO 5
Constrição, expansão e pendulação

Este exercício vai ajudá-lo a compreender e a sentir o que são as sensações de constrição, expansão e descarga e ensiná-lo a realizar o movimento de pendulação.

ENTRANDO EM CONTATO COM A SENSOPERCEPÇÃO
Como no Exercício 2, sente-se confortavelmente numa cadeira, feche os olhos e "escaneie" seu corpo. Explore o rosto e a cabeça; a respiração e os batimentos cardíacos, as costas, o pescoço, os ombros, os braços e as pernas. É mais fácil focalizar de olhos fechados.

Note como a roupa toca sua pele. Sinta como a cadeira sustenta suas costas. Perceba onde se sente mais apoiado fisicamente, onde seu corpo se sente mais confortável.

Aproveite para simplesmente sentar-se e sentir por alguns minutos. Faça um levantamento de suas sensações sem julgamento, análise ou interpretação do que perceber e sem tentar mudar nada. Se notar que sua mente está divagando, apenas volte a atenção para as sensações corporais. Não tente mudar nada.

ENTRANDO EM CONTATO COM A CONSTRIÇÃO
Perceba o que está acontecendo dentro de você e procure notar sensações de tensão ou constrição no seu corpo. "Entreviste-as." Focalize uma dessas sensações e identifique seu tamanho, sua forma, textura, cor e temperatura. Apenas sinta a tensão sem fazer nada a esse respeito.

Se não perceber nenhuma tensão, pense em um acontecimento levemente desagradável experimentado por você e verifique se tal pensamento cria sensações de constrição.

DESCARREGANDO: PASSANDO DA CONSTRIÇÃO PARA A EXPANSÃO
À medida que for entrando em contato com uma constrição (tome sempre uma constrição de cada vez), observe o que acontece.

Ela é liberada? Observe o que acontece quando ela se libera. Surge uma respiração profunda ou um suave tremor ou vibração nas mãos e nos pés, nos braços e nas pernas? Uma onda de calor através do peito ou das costas? Você sente uma transpiração quente nas mãos, no rosto ou no peito? Ouve ruídos no estômago ou começa a bocejar? Perceba como está sentindo a descarga e permita que ela aconteça, dando todo o tempo necessário para isso. Os sinais de descarga podem mudar toda vez que você fizer o exercício.

ENTRANDO EM CONTATO COM A EXPANSÃO
Observe sinais de expansão em seu corpo à medida que descarregar. Sua respiração parece mais profunda e calma? Seu peito está mais expandido e aberto? Seus ombros parecem soltos? Você experimenta uma sensação agradável de fluidez?

ENCONTRANDO UM LUGAR CALMO NO SEU CORPO E PENDULANDO
Se a tensão focalizada não aliviar e não houver nenhum sinal de descarga, focalize a consciência em uma parte do corpo que pareça mais confortável. Observe se está calmo, estável ou equilibrado e se existe uma sensação de fluidez. Se não conseguir identificar um lugar calmo, imagine uma experiência agradável e observe as sensações que a imagem traz para o seu corpo. Agora, alterne sua atenção entre a sensação de constrição e a sensação de calma e expansão diversas vezes até sentir a descarga. Você percebe que está respirando mais profundamente, sentindo ondas de calor ou uma transpiração quente? Ouve ruídos no estômago? Observe a expansão no seu corpo, uma sensação de mais abertura e integração.

Às vezes, as sensações de constrição se liberam e continuam voltando. Em geral, existem alguns pensamentos, crenças, emoções ou imagens ligados a elas que precisam ser abordados. No Exercício 6, mostramos como trabalhar com esses pensamentos, emoções e imagens a fim de liberá-los.

O SIBAM E A SENSOPERCEPÇÃO

SIBAM é um acrônimo usado na SE® para designar os cinco canais que informam nossa sensopercepção. Cada canal reúne informações que nos fazem perceber a realidade interna e a externa.

- SENSAÇÃO (*Sensation*): toda a nossa experiência interna.
- IMAGEM (*Image*): toda informação fornecida pelos cinco sentidos.
- COMPORTAMENTO (*Behavior*): ações e movimentos conscientes e inconscientes, voluntários e involuntários.
- AFETO (*Affect*): todas as emoções, sutis ou óbvias.
- SIGNIFICADO (*Meaning*): qualquer coisa relacionada ao processo de pensamento.

EXEMPLOS DE CONSTRIÇÃO EM DIFERENTES ELEMENTOS DO SIBAM:

- **Sensações:** tensão muscular ou dormência, dores de cabeça e/ou tonturas.
- **Imagens:** incapacidade de perceber o ambiente como um todo ou hipersensibilidade.
- **Comportamento:** agorafobia, comportamento obsessivo-compulsivo, esquiva ou reativação de comportamentos relacionados ao trauma – por exemplo, sucessão de acidentes, estupro ou congelamento quando deveríamos ter-nos defendido.
- **Afetos:** torpor emocional, ansiedade, depressão, raiva; diminuição da variedade de reações emocionais ou reações emocionais exageradas.
- **Significado:** pensamento obsessivo e negativo, falta de tolerância para com as diferenças, visão estreita do mundo, pensamento polarizado, generalização, falta de variação e nuanças.

Quando nos sentimos bem, ocorre um fluxo dinâmico entre os canais. O trauma provoca a constrição do fluxo de informação entre dois ou mais desses canais, mantendo-nos presos a padrões fixos e repetitivos de resposta.

TRANSFORMANDO ELEMENTOS DO SIBAM EM SENSAÇÕES

Para processar as informações fornecidas pelos diferentes canais do SIBAM, precisamos entender como traduzi-las para a linguagem da sensação.

Imagem: convertemos imagens que vêm à tona – visão, som, odor, tato ou paladar – em sensações. Quando se lembrar de uma imagem do incidente traumático que sofreu, pergunte a si mesmo o que sente em seu corpo quando vê essa imagem ou sente esse cheiro e então descarregue tais sensações.

Comportamento: convertemos movimentos em sensações. Quando perceber seu braço, sua perna ou sua cabeça movendo-se, observe o que está acontecendo em seu corpo e trabalhe com as sensações que afloram.

Emoções: convertemos emoções em sensações, rastreando aquelas que as emoções eliciam em nosso corpo e as descarregamos.

Pensamento: convertemos pensamentos em sensações, rastreando aquelas que os pensamentos eliciam em nosso corpo e então trabalhamos para descarregá-las.

TRABALHANDO COM TODOS OS ELEMENTOS DO SIBAM

Para trabalhar com sintomas traumáticos profundamente arraigados, faz-se necessário um processo mais abrangente, que pode ser realizado com a ajuda de um profissional de SE®. Dessa forma, você será capaz de movimentar-se entre os elementos do SIBAM e suas sensações correspondentes. Tal movimentação lhe permitirá reunir os aspectos diversos e sutis de algum acontecimento fixado em sua memória e liberar a energia excessiva que ele deixou em seu corpo/mente.

Porém, se estiver trabalhando com sintomas com os quais consegue lidar, o Exercício 5 mostra como trabalhar com pensamentos e emoções negativos com a SE®, transformando-os em sensações e descarregando-os.

Além disso, o SIBAM ajuda a organizar as informações referentes tanto aos sintomas quanto aos recursos, por meio de seus diferentes canais. Assim que nos familiarizamos com o SIBAM e aprendemos a restabelecer o fluxo entre os cinco canais, podemos curar o trauma e restaurar nossa capacidade de viver tranquilamente no mundo que nos cerca.

Para liberar o estresse traumático, é preciso aprender a identificar os diferentes sinais do estresse e a liberá-los. Podemos reconhecer altos níveis de estresse em nossos pensamentos, experiências sensoriais e emoções. Podemos descarregá-los rapidamente se aprendermos a transformá-los em sensações internas, como no Exercício 6 a seguir.

EXERCÍCIO 6
Transformando os elementos Do SIBAM em sensações

TRANSFORMANDO IMAGEM EM SENSAÇÃO
Imagine um som, um cheiro, um gosto, um toque ou uma cena desagradável relacionados a um acontecimento perturbador. Perceba que sensações vêm à tona, focalize uma de cada vez e des-

carregue-as. Se a experiência sensória contraída continuar presa em você, parta para a experiência sensória oposta, perguntando-se: "O que sinto no corpo quando imagino a cena, o cheiro, o toque, o gosto ou o som oposto?" Rastreie as sensações que sua questão provoca em seu corpo, pendule entre as duas e perceba a descarga.

TRANSFORMANDO COMPORTAMENTO EM SENSAÇÃO

Quando começa a prestar atenção aos movimentos involuntários de seu corpo, como o enrijecimento de braços, pernas balançando incessantemente ou mãos batucando na mesa, o que você percebe acontecer em seu corpo? Esses movimentos podem estar relacionados com uma reação incompleta de sobrevivência que quer se completar, ou talvez seu corpo esteja fornecendo mais informações sobre o que está acontecendo em sua mente. No primeiro caso, focalize a atenção para perceber se um movimento orgânico quer se completar, deixe isso acontecer lentamente e depois observe como seu corpo se sente. No segundo caso, pergunte-se: "O que esta parte do meu corpo quer fazer?" Se você pudesse dar uma voz a esse movimento, o que ele diria? Você percebe qualquer outra coisa acontecendo em seu corpo? Continue rastreando as sensações que vierem à tona e descarregue as constrições que surgirem.

TRANSFORMANDO EMOÇÕES EM SENSAÇÃO

Se você tiver qualquer sentimento negativo intenso recorrente — seja medo, raiva, desespero, tristeza ou dor —, perceba em que parte do corpo você sente o medo, a raiva, o ódio ou a dor. Que sensações você experimenta? Frio, respiração curta ou falta de ar? Paralisia, imobilidade ou tensão? Perceba as sensações que estão por trás da emoção e focalize sua consciência em cada uma delas até que as sensações de constrição se dissipem.

TRANSFORMANDO PENSAMENTO EM SENSAÇÃO

Focalize em um pensamento negativo ou obsessivo (sobre você ou sobre o mundo) que o incomode, por exemplo: "Não consigo fazer nada certo", "Todos os homens são perigosos", "Nada dá certo para mim" etc. Perceba quais constrições aparecem, seja um aperto na barriga ou uma sensação de colapso no peito. Novamente, focalize uma sensação por vez, até que ela descarregue. Se não funcionar, convoque o pensamento oposto: "Sou eficiente", "Muitos homens são confiáveis, outros não". Ou simplesmente lembre-se de uma época em que você sentia a vida fluir e focalize em como esse pensamento se registra em seu corpo. Você poderá experimentar uma sensação de "enraizamento" e estabilidade nas pernas, força nas costas, calor no ventre ou expansão no peito. Então, pendule entre as duas sensações até que a constrita se libere.

CONSCIÊNCIA

> Para curar o passado, precisamos apenas ter consciência de nossa experiência interna e focalizar nossos sentimentos, sensações, pensamentos e imagens atuais, sem julgá-los nem avaliá-los.

A consciência é uma ferramenta potente para aliviar o sofrimento oriundo do trauma, estando acessível à maioria de nós. *Ela pode nos ajudar a interromper o feedback da tensão no corpo antes que esta, crescendo de forma exponencial, saia do controle e se transforme em ansiedade traumática.*

A consciência nos permite focar a atenção nos sinais de tensão corporal – como tensão muscular, aperto no estômago ou respiração curta – e tomá-los um por vez, procurando sinais do vórtice de cura que surgem espontaneamente no corpo. Isso impedirá que as sensações ricocheteiem umas nas outras de forma caótica. Ao contrário, promoverá a cura.

Na SE®, estar consciente significa observar o que está acontecendo em nosso panorama interno com um tipo especial de consciência, diferente da cotidiana. Esse tipo de consciência, focalizada em nossa vida interior, permite que muitas de nossas experiências "perdidas" (esquecidas ou reprimidas) apareçam. Algumas das experiências que relembramos com esse tipo de consciência são dolorosas; outras, prazerosas. Trata-se de lembranças, ações e desejos que podem ser difíceis de aceitar ou gratificantes de descobrir. Nosso inconsciente está cheio de tesouros escondidos.

A cura advém da capacidade de testemunhar nossos processos e reações internos olhando-os do alto, com o "terceiro olho" - uma consciência especial que não carrega nenhum julgamento. Nossa disposição para apenas permanecer presentes para o que acontece no corpo/mente nos liberta de tudo que nos influencia de modo negativo, permitindo-nos retomar partes de nós mesmos que haviam sido renegadas.

Presenciar nossas experiências internas permite-nos liberar qualquer dor que ainda esteja presa às experiências passadas e propicia um engajamento mais consciente à vida, oferecendo mais respostas para nossas experiências atuais.

Nós simplesmente focalizamos a consciência internamente em nossa vida sensorial corrente, com curiosidade imparcial e atenção às sutilezas, dando todo o tempo necessário para que o sistema nervoso se manifeste de modo consciente e se reorganize. Seguimos o ritmo ditado pelo corpo para integrar as mudanças. Não focalizamos intensamente na lógica ou na avaliação, mas observamos quando essas funções aparecem e as integramos à dimensão sensório--motora. Sintonizamos as reações instintivas que surgem, permitindo-nos conectar e integrar nossos fortes impulsos primitivos ao cérebro racional a fim de que possamos nos sentir inteiros de novo.

A cura surge suavemente quando alternamos a atenção entre uma sensação constrita e outra expandida, dando tempo para a descarga. Focando a atenção nas sensações internas, procuramos os sinais de descarga que a consciência produz. Como já percebemos, quando nos conscientizamos de suas características, as sensações logo se transformam em outra coisa. Tudo que precisamos fazer é simplesmente observar e seguir o ritmo de nosso sistema nervoso.

PREVENÇÃO DO TRAUMA

O Exercício 7 mostra um exemplo do uso da SE® como pronto socorro emocional no dia a dia para evitar o desenvolvimento de sintomas traumáticos.

EXERCÍCIO 7
Exemplo de prevenção do trauma: primeiros socorros emocionais para um pequeno acidente ou queda

Imagine que está em um acidente de carro no qual você não sofreu nenhum ferimento grave nem precisou de atendimento médico. Normalmente, você sairia do carro de imediato, gritaria ou se desculparia com o outro motorista, trocaria informações sobre o seguro e, se o dano a algum dos veículos fosse significativo, chamaria a polícia. Então, você poderia ir para casa ou para o trabalho, ignorando completamente o acidente ou falando sobre ele sem parar.

Imagine uma queda grande na qual não ocorreu um dano grave. Você se levanta imediatamente ou as pessoas à sua volta vão se apressar em ajudá-lo a se levantar. Em qualquer caso, você vai se sentir um pouco embaraçado e seguirá seu caminho o mais rápido possível.

Agora, imagine uma situação em que você e o outro motorista (no caso do acidente de automóvel), ou as pessoas que o ajudaram a se levantar (no caso da queda), conheçam o sistema nervoso, a SE® e primeiros socorros emocionais: todos iriam focalizar ajudá-lo a descarregar a energia desencadeada em seu corpo pela ameaça de ser seriamente ferido no acidente ou na queda.

No caso do acidente, isso significa que logo após o acidente de carro você permaneceria sentado no carro, dando ao seu corpo o espaço, o tempo e a tranquilidade necessários para recuperar o equilíbrio. Seu foco seria interno e você rastrearia seu corpo, observando sensações de ativação como o afluxo de adrenalina, a respiração acelerada, os batimentos cardíacos mais rápidos, os músculos tensionados, sensação de calor ou frio ou entorpecimento. Você ficaria presente para suas sensações, escolhendo focalizar cada uma por vez; permitiria que cada sensação se movimentasse, mantendo a consciência sobre ela até que descarregasse e aliviasse o choque.

Você poderia utilizar qualquer ferramenta ou recurso disponível para ajudar seu corpo a voltar ao normal apenas vivenciando o presente, sem interpretar nem tentar dar sentido ao que sente ou percebe. Você observaria lembranças, emoções ou pensamentos que surgissem sem se prender ao seu significado. As melhores informações para estabilizar o sistema nervoso vêm das sensações, e não de pensamentos, imagens ou *insights*. Movemo-nos pela sensopercepção como se estivéssemos em uma correnteza.

Ao mesmo tempo, você poderá perceber vários sinais de descarga: tremor, ondas de calor, suspiros profundos ou ruídos no estômago. Enquanto rastreia a descarga e dá todo tempo necessário para que o tremor se complete, você notará um alívio lento e progressivo na tensão muscular. A adrenalina se dissipa, sua respiração volta ao normal, mãos e pés ficam novamente aquecidos e surge uma sensação geral de alívio. Assim que seu sistema nervoso se acalmar e voltar ao ritmo normal, você sairá do carro, conduzirá as negociações com o outro motorista e voltará às suas atividades diárias tendo liberado as energias traumáticas que, de outro modo, resultariam em sintomas futuros muito depois do acidente.

No caso da queda, saber o que deve fazer para si mesmo – mesmo que as pessoas à sua volta não saibam – o ajudará a esperar (ou pedir para que esperem) os minutos necessários para trazer seu sistema nervoso de volta ao normal e permitir que seu corpo fique em ordem. Você pode explicar às pessoas que estiverem próximas: "Estou dando um tempo para a minha respiração voltar ao normal", a fim de que elas não fiquem preocupadas ou tentem apressá-lo. Lembre-se de que é importante incentivar sua mente a NÃO interpretar ou explicar. Essa não é uma questão para o pensamento; não é um momento para o neocórtex. Depois de descarregar a energia de seu sistema nervoso, você pode focalizar o significado que as lembranças, emoções ou pensamentos trouxeram e integrá-los em sua experiência sensório-motora, focalizando nas sensações que eles provocarem.

Uma vez que o seu sistema nervoso esteja equilibrado, você pode se permitir fazer conexões que o ajudem a reconhecer padrões de pensamento, reações emocionais e comportamentos sem se sentir dominado por eles. Focar a consciência nos pensamentos e emoções que surgem antes que você tenha descarregado totalmente a energia traumática poderá apenas aumentar a ativação e a sensação do trauma.

Mesmo sendo capaz de fazer tudo isso, um incidente traumático pode lhe causar tal impacto que você sentirá que não pode descarregar completamente sua energia por si mesmo. Se for esse o caso e você achar que está muito ativado e não consegue acalmar o sistema (ele pode ter reativado traumas profundos antigos), busque "aterrar-se", chame um amigo para ajudá-lo a voltar para o "aqui e agora" e procure ajuda profissional.

6 Descarregando a energia traumática

AO DEPARAR COM uma ameaça, os animais selvagens lutam ou fogem; caso essas opções não funcionem, eles congelam. Assim que o perigo passa, eles descarregam o excesso de energia presa no congelamento, como descrevemos no caso do urso polar, agitando-se, tremendo, respirando e completando os movimentos.

Nós, humanos, temos esse mesmo tipo de mecanismo de descarga saudável e podemos aprender a reativá-lo; precisamos ensinar nosso corpo consciente a lembrar-se do que faz inconscientemente quando não estamos dominados pelo trauma. O sistema nervoso autônomo normalmente descarrega e se regula sem nosso controle consciente e volta a um equilíbrio harmonioso.

Quando o trauma perturba o processo normal de descarga, precisamos conscientemente *dar tempo para que nosso sistema nervoso se acalme e se entregue à natureza involuntária da descarga*.

Percebemos que descarregamos a energia traumática e saímos do vórtice de trauma para o vórtice de cura quando, ao pensarmos no incidente traumático, permanecemos calmos e nossa agitação habitual não se manifesta, e quando recobramos nossas funções básicas. Os distúrbios de sono e alimentação desaparecem; as emoções se estabilizam; o medo, a vergonha e a raiva ficam para trás. Não sentimos mais necessidade de isolamento. Ao contrário, sentimo-nos ligados ao nosso corpo, que "estamos de volta". A vida parece de novo normal e excitante.

SINAIS DE DESCARGA

Reconhecer os sinais de descarga e familiarizar-nos com eles nos ajuda quando precisamos liberar a energia excessiva presa, entregar-nos aos movimentos de descarga e dar a eles o tempo necessário para sua conclusão.

Os movimentos de descarga, como tremer, sacudir ou vibrar, podem parecer esquisitos e desconfortáveis num primeiro momento, por serem estranhos e estarem fora de controle. Mas, uma vez que compreendemos que são sinais de que o sistema nervoso está desacelerando e se acalmando, a descarga se torna confortável e até prazerosa. Depois da descarga, podemos nos sentir cansados, mas é o tipo de cansaço que vem com uma profunda sensação de alívio e relaxamento.

Entre os sinais de descarga estão:

- Vibrações, tremor e sacudidas.
- Respirações diafragmáticas profundas.
- Transpiração quente ou sensação de ondas de calor.
- Ruídos no estômago.
- Arrepios.
- Acessos espontâneos de choro ou riso.
- Bocejos ou arrotos.

RECONHECENDO A ATIVAÇÃO: O PRIMEIRO PASSO PARA A DESATIVAÇÃO

Para descarregar a energia traumática excessiva do corpo, é importante reconhecer os sinais de hiperativação do sistema nervoso simpático, focando a consciência neles para permitir seu movimento rumo à finalização da descarga e ao alívio.

Use como referência a Figura 5 (p. 35) e o quadro subsequente a ela para relembrar as funções do sistema nervoso simpático.

Entre os sinais de hiperativação estão:

- Batimentos cardíacos acelerados.
- Respiração curta, rápida e constrita.
- Dilatação das pupilas.
- Aumento da pressão sanguínea.
- Pele fria e pálida.
- Sensação de aperto no estômago e no peito.
- Interrupção da digestão.
- Aumento do fluxo sanguíneo para os músculos.
- Intensificação do tônus muscular.
- Mãos que parecem prontas para lutar e pés que parecem prontos para correr.

SINAIS DE ALÍVIO: O PARASSIMPÁTICO VOLTA À CALMA

Ao compreender e reconhecer os sinais de alívio – *opostos aos sinais de ativação* –, somos capazes de saber quando voltamos ao normal. Novamente use como referencia a Figura 5 e o quadro subsequente a ela para rever as funções do sistema nervosos parassimpático. Entre os sinais de alívio estão:

- Respiração mais lenta e profunda.
- Batimentos cardíacos e pulso mais lentos.
- Diminuição da pressão sanguínea.
- Contração das pupilas.
- Pele corada/enrubescida.
- Pele quente e seca ao toque.
- Aumento da digestão e do peristaltismo.
- Relaxamento do tônus muscular.
- Sensação de estar aterrado.

INDO DEVAGAR - TITULAÇÃO

Para aliviar um trauma, não precisamos revivê-lo em toda sua extensão.

Como, em essência, o trauma é uma experiência de sobrecarga sobre a qual sentimos não ter nenhum controle, precisamos descarregar a energia presa bem lentamente – um pouco por vez – para evitar sentirmo-nos sobrecarregados de novo e ficar retraumatizados no processo de cura. A energia traumática é gerada em demasiada abundância, muito súbita e rapidamente para o sistema digerir. A maneira de lidar com essa energia em pequenas doses para evitar a sobrecarga é chamada de *titulação – o trabalho com o trauma nas menores "doses digeríveis"*.

Quando focalizamos uma lembrança traumática específica, podem surgir inúmeras sensações de aperto e constrição, como tensão no pescoço e na mandíbula, aperto no estômago e dor de cabeça, tudo ao mesmo tempo. Precisamos escolher uma sensação por vez para focalizar (como a tensão no pescoço), até que ela se solte, *levando todo o tempo que for necessário*. Isso permite que a constrição se descarregue e se solte sem sobrecarga. Só então moveremos o foco para a próxima constrição. Muitas sensações ao mesmo tempo podem sobrecarregar o sistema e sobrepujar sua capacidade de autorregulação, provocando a perda de informações sutis necessárias para sairmos da sensação de confinamento.

A capacidade da SE® de permitir a descarga da energia traumática sem cair na sobrecarga torna a cura do trauma muito menos assustadora, tornando a SE® uma técnica suave e compassiva. Se precisar diminuir o ritmo da descarga, sussurre a si mesmo "Devagar, devagar". Isso ajuda o cérebro emocional e primitivo a reagir e a desacelerar.

RESPIRAÇÃO

*Um processo **orgânico** nos permite recuperar a respiração completa. Se a respiração for muito curta ou rápida, tudo que precisamos fazer é voltar a atenção para ela. Naturalmente, por si própria, a respiração ficará mais lenta e profunda. Não precisamos respirar voluntariamente para restabelecê-la.*

A reação de medo ou de raiva a uma ameaça provoca uma mudança drástica e inesperada em boa parte de nossa fisiologia, especialmente na respiração. Esta fica rápida e curta à medida que muda para a parte superior do peito. O abdome enrijece, os músculos do pescoço e do ombro se contraem e os batimentos cardíacos aumentam.

No entanto, as respirações rápidas e curtas reduzem o nível de dióxido de carbono no sangue, deixando menos oxigênio no cérebro. Baixa oxigenação, por sua vez, contrai os músculos e os vasos sanguíneos, fazendo o hipotálamo enviar um sinal de emergência que desencadeia ainda mais constrição, pânico e imobilidade. Esses acontecimentos em cascata podem provocar tontura e desmaio e uma sensação de perda de controle que parece aterrorizante e se transforma em ataques de pânico.

Para reestabelecer a respiração completa organicamente, basta voltar a atenção para a respiração, que vai desacelerar e se aprofundar por si mesma. Começamos a respirar pelo diafragma de maneira orgânica e involuntária. Não é necessário respirar voluntariamente para realizar isso.

Porém, a respiração também pode regular a ativação e acalmar o corpo, fazendo uma ponte entre consciente e subconsciente, entre neocórtex e cérebro primitivo, já que ambos a controlam.

Mantemos a atenção nas respirações profundas que surgem e rastreamos a abertura que elas criam no peito, nos ombros, na cabeça e no rosto, permitindo que o organismo todo relaxe e descarregue a tensão. Essa maneira orgânica de restabelecer uma respiração curadora evita a hiperventilação e a sobrecarga do corpo com energia quando já estamos muito carregados.

EXERCÍCIO 8
Recuperando a reação instintiva de fuga

Pense em algo ou alguém que o faça se sentir ameaçado e lhe provoque medo, terror, raiva ou dor. Que sensações essa situação produz em seu corpo? O que você sente?

Você percebe que é possível fugir, escapando da ameaça. Que sensações nota em seu corpo? Que movimentos ele quer fazer? Que partes dele iniciariam o movimento quando você começasse a correr? Imagine-se correndo. Qual seria a primeira parte de seu corpo a se movimentar? Imagine-se deixando seu corpo se mover como ele quer. Imagine-se correndo e chegando a um lugar seguro.

O que percebe agora? Sente seu corpo vibrante e energizado? Ou fatigado no bom sentido, com uma sensação de calma e segurança? Continue imaginando-se escapando da situação até que seu corpo se sinta calmo e capaz de se defender.

RECUPERANDO A REAÇÃO INSTINTIVA DE LUTA

Talvez você perceba que não há para onde fugir, mas que pode lutar para se livrar do perigo. Imaginando-se lutando: que partes de seu corpo querem se mexer? Qual se move primeiro? Quando você se imagina movimentando o corpo enquanto luta, que sensações essa imagem elicia em seu organismo? Onde você sente a força e o fluxo de energia? Reimaginando a cena que o amedrontou ou enraiveceu de início, o que percebe em seu corpo depois que também se imaginou lutando e saindo da situação?

SUPERANDO O CONGELAMENTO PARALISANTE – O OBSTÁCULO PARA UMA REAÇÃO DE FUGA BEM-SUCEDIDA

A primeira parte é igual ao exercício anterior. Você está enfrentando uma situação com fatos, pessoas, animais, pensamentos, imagens, sonhos etc. que realmente o aborrecem, assustam ou repugnam. Você quer sair da experiência perturbadora. Experimente as sensações que surgem em seu corpo. Como você as percebe corporalmente? O que você observa? Concentre-se nas sensações corporais surgidas e observe que quer correr, mas não consegue. Você se sente congelado. Que força interior o impede de fugir ou de evitar a situação? Observe os pensamentos de medo, vergonha ou culpa – ou até de medo de ferir alguém ou perder seu amor – que podem surgir e o impedem de se defender fugindo. Focalize no pensamento ou emoção paralisante e observe as sensações que eles trazem para o seu corpo. Focalize uma sensação de cada vez e observe os sinais de descarga que aparecerem logo depois. É uma respiração, um tremor, um suor frio? Permita que a descarga ocorra. Dê todo o tempo necessário para isso. Depois, volte para o pensamento ou emoção negativa anterior. O que você está sentindo no corpo agora? Você consegue fugir da situação difícil, assustadora ou prejudicial?

UM EXEMPLO DE DESCARGA DA ATIVAÇÃO

Salomão Elmekies morava em Rehov Jerusalém, no norte de Israel. Quando a guerra começou, em 12 de julho de 2007, sua esposa, Íris, e os três filhos foram para o sul para ficar com a família. Salomão permaneceu por causa do trabalho. Eles tinham uma sala segura para se proteger de explosões em seu apartamento.

Na manhã de 12 de agosto, Salomão tomava café no *hall* de entrada do apartamento em vez de ir para o jardim, como de costume antes da guerra. O telefone tocou na mesma hora que o alarme de bombardeio. Ele atendeu ao telefonema de seu primo Motti e se dirigiu para a *sala*. De repente, um míssil explodiu muito perto de sua casa; na verdade, caiu em seu quintal. Um segundo míssil caiu dentro de sua casa, o que, por sorte, o empurrou para dentro da sala segura.

Partes do míssil atravessaram a porta da sala, provocando cortes nas pernas de Salomão, e a explosão reverberou em seus ouvidos. Ele ficou um dia hospitalizado para tratar dos ferimentos nas pernas e depois foi enviado ao setor de traumas, onde foi atendido por um terapeuta. Estava histérico e não sabia o que fazer. Logo depois do incidente, ele foi atendido individualmente por um terapeuta três vezes. Porém, se sentia muito estressado para trabalhar o trauma e parou a terapia, que também era muito cara. Ele ficou alojado em um hotel, onde mais tarde se reuniu com sua família.

Salomão estava nervoso, quieto e assustado. Seus sintomas incluíam *flashbacks* e dificuldade para adormecer. Ele estava muito sensível emocionalmente. Sobressaltava-se com qualquer ruído. Ele e a família abstinham-se de participar das atividades normais do hotel. Seus filhos mantinham-se isolados e não usavam a piscina.

A esposa de Salomão também estava com problemas e não conseguia dormir bem; acordava no meio da noite e não fazia outra coisa além de assistir à televisão. Seu filho mais velho chorava e pedia para voltar para casa. O filho do meio tinha medo de ir ao banheiro sozinho e recomeçou a fazer xixi na cama. O caçula desenhou a casa antes da destruição.

Quando voltaram para a casa destruída, os *flashbacks* de Salomão pioraram. Ele perdeu peso e não conseguia comer nem dormir. Eles não podiam acreditar que Salomão estivesse milagrosamente salvo e o resto da família estava fora quando o míssil caiu.

Dois meses depois do fim da guerra, encontrei com Salomão por menos de uma hora. Com alguns minutos de sessão, percebi que ele começou a respirar mais rapidamente e ficou um pouco agitado. Eu o interrompi e lhe expliquei que ia trabalhar com ele enquanto me contava sua história. Com bastante frequência eu o interrompia e pedia que focalizasse na sensação de aperto ou constrição que ele sentia no corpo. Quando Salomão me disse que sentia um aperto no peito e um caroço na garganta, pedi que focalizasse uma sensação de cada vez, começando pelo aperto no peito, e percebesse o que acontecia depois. Expliquei-lhe que quando colocamos a consciência na ativação aos poucos ocorre um processo orgânico que permite que a sensação de constrição descarregue e se solte em tremor e formigamento, ou em ondas de calor, transpiração quente ou ruídos no estômago. Salomão ouviu e manteve a consciência no peito até perceber o surgimento de uma respiração profunda, espontânea, soltando o aperto em seu peito.

À medida que continuava a me contar o que tinha acontecido, Salomão parecia estar muito satisfeito por ter decidido naquele dia, por precaução, tomar o café no *hall* em vez de ir ao jardim. Pedi-lhe que percebesse como sentia no corpo a compreensão de que instintivamente sabia o que era certo para ele; em outras palavras, pedi-lhe que ancorasse seu recurso no corpo via sensação. Ele se sentiu forte; era como se houvesse uma linha de força na frente de seu corpo, e ele gostou dessa sensação.

Salomão começou a me contar sobre quando ouviu a sirene e como se lembrava da explosão. Eu o interrompi novamente, porque não queria ainda que ele chegasse ao ponto zero do incidente traumático, e pedi-lhe que focalizasse as sensações corporais. Dessa vez, ele sentiu sua respiração curta e rápida e o coração batendo rapidamente.

Seguindo minhas instruções, ele focalizou apenas os batimentos cardíacos; logo sentiu o alívio e uma respiração profunda surgiu depois que uma onda de calor passou por suas costas. Ele continuou a história e, quando começou a ficar novamente ativado, parou por si mesmo, dando-se um tempo para observar o alívio da constrição no estômago e a vibração da descarga nas pernas. Ele estava entretido e espantado.

Passamos por mais três rodadas de focalização da sensação de constrição e sua liberação. Ao final de três rodadas, Salomão disse que os *flashbacks* tinham acabado; não sentia mais nenhuma ativação quando se lembrava de sua casa e das cenas de destruição.

Quando eu lhe pedia para ir para a cena traumática e observar o que sentia, ele sempre se sentia atraído como um ímã pelo som da explosão – o bum, como ele dizia. Então, pedi que mentalizasse o som da explosão e como tinha sido jogado no chão. Salomão focalizou as sensações e disse: "Na verdade, não consigo acessar o pânico que sentia sempre que me lembrava do *boom* da explosão porque agora ele está misturado e contaminado pelos recursos".

Quando voltamos a conversar, no dia seguinte, Salomão disse que por duas vezes repetira por conta própria o processo que havia aprendido na sessão, não encontrando problemas. "É como fazer ioga. Eu sentia o silêncio interior. Pensava em algo bom e em algo ruim e ficava com as coisas boas. Voltei à cena do *hall* e meus *flashbacks* pararam completamente."

Uma semana mais tarde, liguei para ele e pedi detalhes inéditos sobre o trauma. Perguntei também como estavam as coisas no hotel. Salomão disse: "É interessante! Agora consigo contar-lhe minha história sem tremer. Não estou reagindo aos sons nem escuto repetidamente o bum da explosão, além de estar dormindo bem melhor. E sabe o que mais? Meus filhos estão aproveitando a piscina todo dia e convivendo com outras crianças".

Um tempo depois, liguei novamente para Salomão a fim de pedir permissão para contar sua história. Ele disse que ficaria feliz em ter seu nome completo publicado no livro. Também me contou que houvera relâmpagos e trovões na semana anterior, o que o sobressaltara por um instante, mas ele ficara bem. Salomão terminou nossa conversa com um toque de simpatia: "Desde que estive com você, tudo mudou para melhor. Por que não nos ensinaram essa técnica antes?"

7 Usando nossos recursos para curar o trauma

UTILIZAMOS RECURSOS PARA atrair e fortalecer o vórtice de cura, assim como para lembrar nosso sistema nervoso de sua capacidade inata de autorregulação.

Um *"recurso" pode ser qualquer pessoa, lugar, objeto, memória, experiência positiva, ação ou qualidade pessoal que evoque sentimentos de calma e tranquilidade ou uma sensação de força. Os recursos podem trazer à tona sensações prazerosas que são percebidas como formigamento nas pernas, expansão do peito, calor, relaxamento dos músculos do rosto, do pescoço e dos ombros ou respirações profundas.*

O simples fato de pensar em um recurso provoca mudanças no corpo e dá início imediato ao processo de autorregulação e relaxamento. Portanto, os recursos ajudam o sistema nervoso a descarregar quando necessário.

Todos nós temos recursos. Eles podem ser internos, como o senso de humor e a inteligência; ou externos, como amigos, um bom emprego ou animais de estimação.

Nosso corpo pode ser nosso melhor recurso. Ele sabe exatamente do que precisamos. Se aprendermos a escutar os sinais e a explorar sua sabedoria, ele poderá nos ajudar a recuperar a capacidade inata – perdida no trauma – de lidar com as emoções, de readquirir controle e de recobrar o amor-próprio. Os recursos e as sensações prazerosas geradas por eles estão disponíveis a qualquer momento; o trauma, porém, tende a nos desconectar deles. Para reconectar os recursos depois do trauma é preciso conscientização e esforço.

ANCORANDO UM RECURSO NO CORPO

Você pode trazer um recurso para sua mente sempre que precisar neutralizar os efeitos do trauma. Mas, para que o recurso seja de fato eficiente, é preciso "enraizar ou aterrá-lo no corpo" (como uma âncora), experimentar as sensações que ele provoca no nível físico. Quanto mais tempo você levar "enraizando" recursos no nível da sensação, mais resiliência desenvolverá.

EXERCÍCIO 9
Ancorando um recurso no corpo

Pense em um recurso: uma época, um lugar ou uma situação em que você se sentia relaxado e seguro. Observe os detalhes dessa imagem: quais são os sons, odores, cores e temperaturas associados a ela?

O que você percebe em seu corpo quando pensa naquela época, lugar, situação ou pessoa?

Quando você pensa na segurança e tranquilidade que a imagem transmite, onde sente o relaxamento em seu corpo? Como são essas sensações? Elas se parecem com uma abertura ou expansão, como uma correnteza fluindo pelas suas pernas? Sua respiração fica mais profunda? Seus músculos relaxam? Você tem uma sensação de calor? Uma suave fluidez nos braços?

Cada pessoa experimentará essas sensações de segurança e relaxamento de forma diferente. Permita-se conectar-se às sensações que essa memória lhe traz e aproveitá-las.

FAZENDO UM INVENTÁRIO DE RECURSOS

Como os recursos ajudam a desenvolver camadas de resiliência no sistema nervoso, é importante fazer uma lista deles e enraizá-los no corpo. Criar um inventário de recursos é fundamental porque:

- A simples compilação da lista pode ajudá-lo a acessar e a desenvolver suas áreas de força.
- À medida que ancora seus recursos, você passa mais tempo em contato com as sensações de calma que cada um deles traz à tona; isso expande sua sensação de bem-estar e o ajuda a sentir-se mais vivo, aberto e disponível para a beleza e o amor existentes no mundo.
- Depois de procurar recursos por algum tempo, você percebe que *o mundo é uma fonte inesgotável deles*.

RECURSOS DO SIBAM
Recursos internos
SENSAÇÕES: sentir-se enraizado e centrado, experimentando equilíbrio, força física, corpo saudável; sensação de limites; capacidade de perceber as sensações; sensopercepção contínua, intuição e sensação de controle.

IMAGENS: ter os sentidos apurados: visão, olfato, paladar, audição e quaisquer outros sentidos; ter a capacidade de imaginar.

COMPORTAMENTO: persistência, competência, boa coordenação, talentos, capacidade de relaxar e de se deixar levar; de relacionar-se e liderar.

AFETO: tranquilidade, alegria, raiva, continência, calor, cuidado, compaixão; capacidade de amar, contatar e confiar; coragem.

SIGNIFICADO: humor, imaginação, inteligência, espiritualidade, objetividade, integridade e moral; curiosidade, capacidade de sonhar, de dar sentido às experiências, de gratidão, de consciência, de compreensão e de ressignificar positivamente; força de vontade, sensibilidade estética, apreciação da beleza, da arte e das palavras.

RECURSOS DE ACORDO COM O SIBAM

S (*SENSATIONS*) SENSAÇÕES	I (*IMAGES*) IMAGENS	B (*BEHAVIOR*) COMPORTAMENTO	A (*AFFECT*) AFETO	M (*MEANING*) SIGNIFICADO
RECURSOS EXTERNOS				
tempo cinema exercícios respiratórios exercícios de equilíbrio	cores padrões da natureza beleza perfumes música/sons objetos de arte toque	dança leitura arte esportes e jogos sucesso acadêmico viagens sexualidade saudável talentos criar	amigos família comunidade grupo social cultura mentores animais e objetos de estimação	livros, histórias informação e validação práticas espirituais causas nobres religião conhecimento
RECURSOS INTERNOS				
ter os pés no chão estar centrado sensação de equilíbrio	sentidos apurados: boa visão bom olfato bom paladar	fazer amigos ganhar dinheiro fazer as coisas acontecerem ser persistente	ânimo, tranquilidade, alegria, raiva capacidade de sustentar emoções	relacionar, compreender, aprender e lembrar ter humor

RECURSOS INTERNOS (cont.)				
força física corpo saudável ter um bom senso de limites capacidade sensorial percepção contínua intuição sensação de controle beleza física respiração	boa audição boa percepção imaginação sonhar acordado	capacidade de movimento boa coordenação capacidade de se soltar, ajudar o próximo, ter bons relacionamentos liderança competência	sentimentos cordiais e compaixão capacidade de amar coragem capacidade de confiar e sentir gratidão	imaginação inteligência curiosidade gratidão espiritualidade ter valores e objetivos sonhar ser consciente capacidade de reformular amor às palavras e à arte

Recursos externos

SENSAÇÕES: tempo, exercícios que envolvem a respiração, os músculos e o equilíbrio.

IMAGENS: cores, natureza, padrões, beleza, perfume, música, arte.

COMPORTAMENTO: trabalho, passatempos, causas nobres, trabalho beneficente, dança, leitura, música, todas as artes, esportes, rituais; capacidade de ganhar dinheiro, de fazer amigos e de fazer as coisas acontecerem.

AFETO: amigos e familiares, entes queridos, crianças, comunidade, relacionamentos, grupos sociais, cultura, animais de estimação, lar.

SIGNIFICADO: prática espiritual, guias, religião, conhecimento.

EXERCÍCIO 10
Fazendo um inventário de recursos

Faça uma lista de:

- Pelo menos dez recursos externos (passatempos, viagens, animais de estimação, pessoas da família etc.).
- Dez recursos internos (senso de humor, imaginação, determinação etc.).
- Cinco recursos que faltam (não ter pessoas, dinheiro, amigos ou amor como sistema de suporte).

Adicione novos recursos à sua lista todos os dias. Inclua aqueles que possam estar disponíveis diária (flores, fotografias, texturas, odores, sons ou alimentos de sua preferência, meditação etc.), semanal (tempo para descansar ou domingo), mensal (rituais da lua nova), ou anualmente (férias). Classifique os itens por categoria.

Os recursos podem ser pequenos e fugazes ou grandes e de longo prazo – de uma flor que acabou de florescer a um relacionamento de toda uma vida.

PENDULAÇÃO ENTRE UMA CONSTRIÇÃO E UM RECURSO

Normalmente, a própria tomada de consciência permite que uma sensação de constrição se dissipe. O simples fato de focar a atenção na constrição ajuda a descarregá-la – o que chamamos de *pendulação* –, e um recurso orgânico geralmente aparecerá por si só. Porém, se a constrição subsistir e nenhum recurso surgir, podemos focalizar em uma sensação prazerosa ou de calma em outro lugar do corpo e alternar entre a sensação constrita e a sensação de calma – entre o vórtice de trauma e o vórtice de cura – até que a constrição se libere.

Se ainda for difícil liberar a constrição e não conseguirmos encontrar um recurso no corpo, atraímos mentalmente um recurso externo e pendulamos entre a constrição e a sensação de calma e expansão trazida por ele.

EXERCÍCIO 11
Pendulando para diminuir a dor

Entre na sensopercepção - a capacidade de sintonizar sua experiência interna. Sente-se, sinta os pés apoiados no chão e focalize a consciência em suas sensações internas.

A primeira sensação que chamar sua atenção pode ser um lugar dolorido de seu corpo. Perceba a dor, mas também encontre algum lugar em você que pareça confortável e relaxado. Focalize uma área onde encontre sensações corporais prazerosas, mesmo que sua atenção ainda vá para o ponto dolorido. Mantenha a atenção nela, observe o tamanho dessa área agradável, sinta sua expansão.

Depois de passar algum tempo se familiarizando com o ponto relaxado, focalize novamente a atenção no ponto dolorido. O trabalho de permanecer no limite ou na periferia da dor é importante para aliviá-la.

Agora, volte a atenção para o ponto prazeroso. A alternância entre a sensação de ativação e a sensação de recurso ajuda a descarregar a ativação. É o processo de *looping*. Você pode levar o tempo necessário para que a dor passe, a princípio apenas tocando as bordas dela.

Não queremos relaxar diretamente a dor pela focalização no seu ponto mais intenso porque isso apenas criaria mais tensão. Nós simplesmente quebramos a dor em componentes menores e pendulamos essas sensações com uma área relaxada até que ela ceda.

RESISTINDO AOS NOSSOS RECURSOS

O trauma provoca um desligamento de nossos recursos e a focalização apenas no que está errado. Na verdade, pode até ficar difícil lembrar que temos recursos; também tendemos a rejeitar exatamente aqueles que poderiam nos ajudar na cura.

Quando compreendemos que *o trauma provoca um afastamento paradoxal dos recursos que precisamos para a cura*, podemos fazer um esforço consciente para reconectar nossos recursos mesmo quando nos pareça mais natural insistir na dificuldade. Quanto mais recursos obtivermos e mais permanecermos em contato com eles durante nossas experiências difíceis, mais resiliente se tornará nosso sistema nervoso e mais rápida será a cura.

Há momentos, depois de um incidente traumático, em que ficamos tão desligados de nosso vórtice de cura que não conseguimos pensar sequer em um único recurso. Se isso acontecer com você, peça a um amigo ou parente para ajudá-lo a se religar com os recursos que eles sabem que você tinha antes do trauma. Se a atração do vórtice de trauma for tão forte que você sentir que absolutamente não tem nem amigos nem recursos, é o momento de procurar ajuda profissional.

Talvez você note que alguns dos recursos que surgem em sua mente apresentam uma natureza "mista" – relaxam e preocupam ao mesmo tempo. Por exemplo, seus filhos ou seus pais podem despertar amor, assim como preocupação com sua segurança e saúde. Se um recurso "misto" surgir em sua mente, focalize apenas a parte que fortalece e ancora o sentimento em seu corpo. Você pode até dizer ao seu corpo/mente que vai focalizar as preocupações mais tarde. *É bastante interessante ver quanto controle podemos ter sobre o corpo/mente.*

O PODER DA FANTASIA

O simples fato de pensar nos recursos ajuda a regular o sistema nervoso. Mas, por incrível que pareça, a pesquisa científica mostra que *os recursos na verdade não precisam ser reais para gerar benefícios de cura.*

No trauma, a amígdala funciona fora dos parâmetros de lógica, tempo e espaço; o hipocampo (a parte do cérebro emocional que nos ajuda a registrar o tempo e o espaço) se fecha. Mesmo depois que a ameaça e o verdadeiro perigo passaram, a amígdala continua mostrando a ameaça ao cérebro primitivo. Essa característica do cérebro pode nos fazer reviver o terror das experiências traumáticas de muito tempo atrás, como se elas ainda estivessem acontecendo.

No entanto, essa falta de base temporal e espacial pode trabalhar a nosso favor! Utilizando a imaginação, é possível trazer recursos do passado para o presente, ou usar a fantasia para aliviar a energia presa das memórias traumáticas antigas.

Na verdade, *os recursos da fantasia podem despertar o vórtice de cura em nosso corpo da mesma maneira que os recursos reais.* A amígdala não consegue perceber a diferença entre as sensações causadas por situações reais ou imaginárias. Nos dois casos, ela interpretará a situação como segura e enviará uma mensagem ao cérebro primitivo para ficar tranquilo e descarregar a antiga energia traumática presa.

UM CARDÁPIO DE RECURSOS DA FANTASIA

Os recursos da fantasia podem ser usados de diversas maneiras na cura do trauma. Apesar de parecer ilógico – até mesmo tolo –, está provado que tais recursos têm um impacto inegável na cura.

IMAGINANDO EXPERIÊNCIAS CORRETIVAS

As experiências corretivas *nos ajudam a imaginar um final diferente* para um incidente traumático. Focalizamos as sensações prazerosas e fortalecedoras que as imagens corretivas trazem ao corpo para "dissolver" a energia traumática residual deixada no sistema nervoso. A seguinte frase permite que a psique se abra para o auge de sua criatividade: "Se qualquer coisa fosse possível, o que você gostaria que tivesse acontecido? Como ficaria a situação?"

Você pode fazer o Exercício 12 agora ou mais tarde.

EXERCÍCIO 12
Atraindo experiências corretivas

Pense em uma situação de sua vida que seja dolorosa e ainda não esteja resolvida.

Pergunte a si mesmo: "Se qualquer coisa fosse possível, o que teria me ajudado nessa situação? O que eu gostaria de ver acontecendo? Como eu me sentiria?"

Dê tempo para sua mente elaborar cenas com um final melhor, depois focalize nas sensações positivas que esses resultados provocam em seu corpo; deixe as sensações positivas "lavar" ou "assimilar" as negativas.

Observe e desfrute a incrível criatividade das imagens que seu corpo e sua mente produzem para atrair o vórtice de cura!

IMPORTANDO RECURSOS DO PASSADO, DO PRESENTE OU DO FUTURO

A "importação de recursos" implica *trazer recursos atuais para a cura de traumas do passado*. Pergunte a si mesmo: "Como teria sido a situação se eu tivesse, no momento do incidente traumático, o recurso (força, conhecimento, amigos, dinheiro etc.) que tenho agora?"

Você também pode *importar recursos do passado para situações atuais difíceis*. Se, por exemplo, neste exato momento você estiver lidando com um chefe frio e indiferente, imagine--se obtendo a ajuda de uma professora do maternal que lhe deu atenção especial. Você também pode importar recursos futuros (imaginando que seus filhos vão crescer, que você vai terminar a faculdade e conseguir um bom emprego) para curar situações traumáticas atuais ou do passado.

EXEMPLO DE IMPORTAÇÃO DE RECURSOS DO PRESENTE PARA O PASSADO: REBECA E O ENTERRO DE SUA MÃE

> Vinte anos depois do enterro de sua mãe, Rebeca não conseguia pensar ou falar no assunto sem chorar e se sentir profundamente perturbada e perder o sono. Pior, sofria mais um ataque de artrite. Apesar de ter uma vida feliz, sempre que se lembrava de sua mãe ela se sentia tão só e abandonada quanto na ocasião da morte dela – como se o único apoio verdadeiro de sua vida tivesse sido subitamente arrancado dela. Ela se sentiu sozinha e isolada, ainda que seu pai e seus irmãos estivessem presentes. Vinte anos depois, ela ainda vivia afastada deles e raramente os via.
>
> Apesar de sua vida ter mudado substancialmente, com a inclusão de um relacionamento amoroso de dez anos e um pequeno mas íntimo círculo de amigos, sempre que se lembrava da mãe Rebeca sentia-se oprimida pela solidão e pela raiva.
>
> Em uma sessão de terapia, pedi-lhe que pensasse em seu namorado e em seus amigos e "ancorasse" o recurso dessa imagem em seu corpo. Quando fez isso, Rebeca respirou mais

profundamente, sorriu e sentiu seu peito se expandir. Depois, pedi que voltasse à cena do enterro, sentisse a solidão e depois se imaginasse ao lado de seu namorado e dos amigos.

Ela pendulou, alternando a atenção entre a cena do enterro, onde se sentia isolada da família, e a cena na qual estava cercada por seu namorado e por seus amigos. Ela se viu com os amigos, indo da sala do funeral para o cemitério e de volta para casa. Em poucos minutos, seu rosto relaxou, ela começou a respirar mais profundamente e seus ombros se endireitaram como se agora uma linha de força corresse à frente de seu corpo.

A importação de recursos atuais para o passado ajudou Rebeca a resolver o trauma da morte de sua mãe. A solidão e a raiva, que estavam acopladas à lembrança do enterro, se foram. Ela entrou em contato com o pesar e com o amor que sentia quando pensava em seu relacionamento especial com sua mãe, sem as emoções negativas que associara àquele momento traumático.

Na sessão seguinte, Rebeca relatou que tinha falado da morte da sua mãe e do enterro com uma amiga, com poucas lágrimas nos olhos, tendo sido capaz, depois disso, de lembrar e falar da mãe e do enterro de maneira calma e tranquila pela primeira vez em 20 anos. A solidão e angústia não se manifestaram.

Logo depois, ela reatou relações com a família. Quando seu pai morreu, dois anos depois dessa sessão, ela já tinha feito as pazes com ele e foi capaz de chorar sua perda com o apoio da família.

Você pode fazer o Exercício 13 agora ou mais tarde.

EXERCÍCIO 13
Facilitando a importação de recursos

Imagine novamente uma situação que o deixou oprimido e desamparado. Pergunte a si mesmo:

- "Como teria sido a situação se o recurso que tenho agora estivesse disponível naquele momento?"
- "O que eu teria feito diferente? O que teria acontecido?"
- "Sabendo que terei esse recurso no futuro, como isso pode me ajudar nas minhas dificuldades atuais?"

Observe o efeito tranquilizador em seu corpo quando se lembra desses recursos durante uma situação difícil. Dê um tempo a si mesmo para descarregar.

IMAGINANDO O OPOSTO

Se uma sensação de constrição não se dissipa com a consciência mas, ao contrário, fica ainda mais tensa, *imagine a sensação ou a imagem oposta*. Focalize as sensações que a imagem oposta elicia e o relaxamento que ela gera. Pensar na sensação oposta quebra o padrão fixado, cria um movimento interno e alivia as sensações no seu organismo, permitindo que tudo que estiver preso se dissipe.

A mesma técnica pode livrá-lo de um pensamento obsessivo que persiste na sua mente ou de uma emoção terrível que prende seu peito. Focalize as constrições que o pensamento ou a emoção estão gerando e, mentalmente, traga a sensação, imagem ou pensamento oposto.

Você pode fazer o Exercício 14 agora ou mais tarde.

EXERCÍCIO 14
Convidando o oposto

Cada um de nós tem uma imaginação única. Nunca vi duas pessoas imaginarem a mesma cena oposta a determinada palavra.

Pergunte a si mesmo:

- "Que cena eu tenho desta constrição? Qual seria a cena oposta?"
- "O que sinto no corpo quando penso na cena oposta?"
- "Que pensamento negativo ocupa minha mente e que sensações ele provoca em meu corpo? Qual seria o pensamento oposto? E, quando penso nele, quais sensações surgem?" Pendule entre as sensações provocadas pelo pensamento negativo e depois pelo novo pensamento, positivo, e perceba o alívio.

CRIANDO ALIADOS PROTETORES

O recurso-fantasia de ter "aliados protetores", pode ser *particularmente útil para crianças ou adultos que foram fisicamente dominados por alguém mais forte*. As imagens podem provir da imaginação e ainda assim ajudar o sistema nervoso a readquirir equilíbrio. Uma criança que sofreu maus-tratos imaginou cinco buldogues saltando sobre seus agressores; uma mulher que sofreu estupro imaginou um aspirador gigante sugando o estuprador.

UM EXEMPLO DO USO DE ALIADOS PROTETORES

Rosie, profissional racional e bem-sucedida de um escritório de advocacia importante, quase perdeu o emprego devido ao medo de voar. Ela gostava de voar desde criança e quando começou a trabalhar na empresa ficou encantada com a possibilidade de ter de viajar com frequência. Sempre pedia um lugar na janela, sentindo-se totalmente à vontade por estar tão perto do sol e das nuvens. Mas seu caso de amor com os céus acabou repentinamente no dia em que turbulências devidas ao mau tempo e uma falha técnica fizeram o piloto perder o controle. O avião perdeu altura bruscamente. Depois desse voo, Rosie desenvolveu ataques de pânico que a impediam de viajar de avião.

No trabalho, ela não conseguia parar de falar sobre o pânico sentido durante o voo. Começou a evitar os colegas de trabalho porque eles sempre a pressionavam para "superar esse problema". Sua fobia começou a pôr em risco seu emprego, que continuava a exigir que ela viajasse com frequência. Sempre que pensava em voar, Rosie sentia o corpo contrair-se, o coração batia loucamente e ela começava a suar frio.

Na terapia, utilizamos as ferramentas da Experiência Somática® para descarregar parte da energia do pânico. Depois de algumas sessões, Rosie se sentia menos ansiosa, mas ainda estava preocupada com futuras falhas técnicas e tempestades. Perguntei qual seria o aliado protetor de que seu corpo/mente precisava para que ela se sentisse segura ao voar. Ela parou por um momento e, sorrindo, disse: "Vejo como meus aliados um par de dragões segurando o avião nos momentos difíceis do voo".

Usando esse recurso da imaginação, Rosie foi capaz de voar sem entrar em pânico a cada turbulência. Porém, em seu segundo voo, a aeronave sofreu uma falha mecânica similar ao voo que a traumatizou. Rosie utilizou a imagem dos dragões protetores para relaxar a tensão que se criava em seu peito. Ela fantasiou que as turbulências eram resultado da brincadeira dos dragões que carregavam o avião no vento. Esse pensamento a fez rir e respirar mais profundamente. Desde então, Rosie têm viajado pelo menos duas vezes por mês sem qualquer medo ou pânico.

Você pode fazer o Exercício 15 agora ou mais tarde.

EXERCÍCIO 15
Atraindo aliados protetores

Pense em uma situação na qual você estava fisicamente dominado por alguém ou algo ou se sentia desamparado. Pergunte a si mesmo: "Se tudo fosse possível agora, quem ou o que poderia me ajudar e me proteger nesta situação?"

Você pode pensar em pessoas que conhece, assim como imaginar entidades, tais como personagens míticas, espirituais ou religiosas – anjos, dragões, animais ferozes ou um batalhão de soldados. À medida que pensa neles, observe as sensações de alívio.

USANDO SEU CORPO COMO RECURSO

Às vezes você sente seu corpo todo tenso e não consegue encontrar nele nenhum recurso, nenhum lugar calmo. Porém, *é sempre possível encontrar alguma parte do seu corpo que esteja livre de sintomas*, mesmo que seja um dedinho ou a ponta do nariz. Você pode expandir essa pequena ilha de tranquilidade focando a atenção nela; isso dissolverá lentamente a tensão.

Focalizar os recursos sempre permite que o sistema nervoso descarregue, relaxe e readquira aos poucos uma sensação de segurança.

EXEMPLO DO USO DE RECURSOS CORPORAIS: O "HOMEM-FANTASMA" E O *TSUNAMI*

A única filha sobrevivente trouxe seu pai de 70 anos para Daniel Bruce – terapeuta americano de Experiência Somática® que foi para uma pequena vila de pescadores na Tailândia, com uma equipe de nove profissionais, para ajudar as vítimas do *tsunami* de 2004. O "homem-fantasma" tinha perdido três de seus cinco filhos adultos no *tsunami*, assim como três das quatro casas em seu terreno. O que restara da família veio com ele. Ele chegou chutando, berrando e resistindo, mas ficou para a sessão. Sentaram-se todos sob as árvores do campo de refugiados.

O "homem-fantasma" sentou-se do lado oposto a Daniel. Ele estava macilento e sério. Mesmo assim, ainda tinha coragem e podia se apresentar sozinho; estava derrotado, mas não acabado. Ele reclamou de insônia, que dizia ser provocada por fantasmas que o acordavam para perambular pela cidade. Ele queria que Daniel o livrasse dessas entidades. O "homem-fantasma" não tinha nenhum apetite. Ele comia só um pouco de arroz e estava perdendo peso rapidamente. Quase não conseguia andar devido à fraqueza de suas pernas. Dizia que aquilo acontecia porque precisara caminhar com força dentro da água e relatava tudo isso com uma carranca, claramente raivoso e aborrecido.

Daniel decidiu ajudar o "homem-fantasma" a localizar alguns recursos, primeiro na parte superior do peito, visto ser aquela a parte do seu corpo que mostrava força. Daniel pediu ao "homem-fantasma" que colocasse as mãos contra as suas. Pediu que ele resistisse enquanto Daniel empurrava. Depois, deixou que o homem focasse as sensações que estavam surgindo. O "homem-fantasma" sentiu a força de seus músculos. Sentiu-se melhor. Repetiram o exercício. Apesar de as pernas do "homem-fantasma" estarem tão fracas a ponto de ele não conseguir andar até o mercado, ele sentiu a força em seus braços e nas costas. Daniel o conduziu no exercício para validar sua força, primeiro física e depois verbalmente. O "homem-fantasma" se endireitou.

Então, Daniel decidiu tratar da raiva do "homem-fantasma". Pediu que ele empurrasse suas mãos novamente, mas expressasse raiva pelos olhos e pelo rosto. O "homem-fantasma" fez caras e ruídos de raiva por algum tempo. Depois, relaxou e acalmou-se. Daniel reconheceu sua reação de força e raiva e validou ambas. A validação das emoções do "homem-fantasma" foi de grande ajuda no tratamento.

Depois, Daniel trabalhou na pendulação entre as pernas e o tronco do "homem-fantasma", entre sua fraqueza e sua força. O terapeuta pediu que ele flexionasse as coxas e levantasse as pernas. Então, fez que ele se mantivesse flexionado, resistindo à pressão feita contra ele. De início, sua flexão de coxa foi passiva; depois, ele colocou resistência, começou a mostrar a Daniel sua força e foi se sentando cada vez mais ereto. Daniel também fez o homem estender sua perna reta e colocar resistência contra a perna de Daniel. O "homem-fantasma" começou a se exibir à colega de Daniel. Em seguida, deixou de resistir ao terapeuta. O excesso de energia parece ter sido descarregado na resistência e no movimento.

Em seguida, Daniel dirigiu o trabalho para a perda de apetite e para o abdome. Ele observou que o tronco do homem estava fechado e sua respiração, curta. Daniel utilizou o toque. Colocou uma mão na lateral do pescoço do homem e a outra sobre seu abdome, logo abaixo do diafragma. Fez o homem fechar os olhos e rastrear suas sensações. Pediu a ele que voltasse a atenção para as mãos de Daniel e para sua própria respiração. Daniel trabalhou com o toque por cinco minutos e o "homem-fantasma" começou a respirar profundamente; mais uma vez, ele de fato se envolveu no processo. Daniel trabalhou com seu diafragma, apenas tocando-o, e depois retirou as mãos para permitir que ele sentisse o vórtice de cura.

Então, o "homem-fantasma" perguntou sobre os fantasmas. Daniel respondeu-lhe que ele tinha se livrado deles. Ele se levantou e foi embora.

Vinte e quatro horas depois, a filha do "homem-fantasma" foi até Daniel e disse: "Meu pai está bem melhor. Ele está comendo e dormindo bem. Não existem mais fantasmas. Ele até foi sozinho ao mercado e está orgulhoso de si mesmo".

O "homem-fantasma" também esteve com Daniel naquele dia. Ele encheu e esvaziou um grande balde a fim de mostrar sua força. Daniel se preocupou em buscar a força do homem e em lhe devolver o controle. Em poucas horas, as queixas físicas do homem desapareceram.

Quando você se sente desconectado de seu corpo

Há momentos em que você se sente totalmente desconectado de seu corpo ou estar "fora do corpo".

Nesses casos, *você precisa localizar sua experiência onde quer que esteja sua consciência*. Talvez seja assustador ficar no seu corpo se as sensações forem muito intensas. Sua mente vai afastá-lo do corpo para protegê-lo dessa intensidade. À medida que você observa sua experiência desse "lugar fora do corpo", sua atenção se volta suavemente para seu corpo; *com o tempo, conforme você observar suas sensações e descarregar a energia contida, seu senso de conexão aumentará*. Se isso não acontecer e você notar que tende a se desconectar, procure um profissional de saúde mental treinado em técnicas de tratamento do trauma.

OUTROS RECURSOS

Há também uma ampla variedade de atividades que funcionam como recursos para a descarga de energia traumática, entre elas: fazer um diário, meditar, praticar técnicas de respiração, técnicas de relaxamento e exercícios físicos. O exercício pode ajudá-lo a travar mais contato com a sensação de tensão e relaxamento corporal.

8 Obstáculos no caminho da recuperação individual

O PRIMEIRO PASSO para a recuperação de qualquer acontecimento negativo é o reconhecimento de que a reação ao trauma é normal; não pense que você é fraco porque está sofrendo seus efeitos. Apenas saiba que pensamentos recorrentes, sonhos ou *flashbacks* são normais e desaparecem com o tempo. Se isso não acontecer, procure ajuda profissional.

À medida que você se envolve no processo de resolução do trauma – ou na ajuda a vítimas de trauma –, talvez surjam questões que podem impedir a cura. É igualmente importante reconhecer os sentimentos a seguir e lidar com eles.

LUTO

Precisamos respeitar o luto saudável que se segue às perdas que sofremos na vida. Além disso, devemos compreender os diferentes estágios do processo de luto. É importante lembrar também que as pessoas têm maneiras e ritmos próprios de viver o luto, e que a dor vem em ondas.

Luto saudável

Quando finalmente somos capazes de curar nossas feridas, experimentamos um alívio profundo, em geral misturado com uma sensação de pesar por todas as perdas que sofremos no caminho.

É normal sentirmos raiva pelo tempo e pelas oportunidades perdidos. Esse é um pesar que devemos respeitar e ao qual temos de dar espaço. Percebemos as sensações que a tristeza desencadeia em nosso corpo, focalizando os recursos que surgem conforme o princípio de polaridade e permitimos que as sensações constritas movam-se e se dissipem. Respeitamos o processo sempre que olharmos para nossos sentimentos sem julgar e oferecermos todo o espaço necessário para a cura.

Luto traumático
O luto traumático provoca mais do que a dor pela perda: ele nos deixa disfuncionais e aterrorizados.

As vítimas de luto traumático podem manifestar:

- Recusa de falar sobre o que aconteceu.
- Sensação de ser dominado por uma profunda impotência; paralisia.
- Perda de segurança, ou raiva explosiva e perigosa.
- Culpa obsessiva: "Foi minha culpa. Deveria ter acontecido comigo", "Por que não aconteceu comigo?"
- Sentimento de ser uma vítima potencial.
- *Flashbacks* e reações de sobressalto.

Se você reconhecer que está sofrendo de luto traumático, procure ajuda profissional.

CULPA E VINGANÇA

Não importa se estamos culpando o partido certo ou não: a necessidade de responsabilizar alguém por um infortúnio é uma reação nor-

mal aos incidentes traumáticos. A reação inicial de acusar permite que nos sintamos mais no controle diante da total impotência provocada pela tragédia. Porém, frequentemente a necessidade de acusar costuma estar ligada à necessidade de vingança. Se deixarmos que a culpa e a vingança dominem nossas reações ao trauma, a energia traumática ficará presa em nosso sistema nervoso. A vingança só perpetua o trauma e aumenta os problemas, visto que nos tornamos perpetradores e atraímos mais violência contra nós. A vingança também limita nossa capacidade de ter uma vida interior tranquila.

> Como disse uma de minhas clientes sobre o 11 de setembro: "Fiz o que você recomendou: parei de olhar as cenas trágicas que se repetiam na televisão. Percebi que estava me empanturrando, enchendo minha barriga com trauma. Eu não conseguia mais digerir aquelas imagens. Elas ficaram comigo. Eu não conseguia dormir e percebi que estava assaltando a geladeira várias vezes por dia. Quando parei de assistir às notícias obsessivamente, voltei à vida normal." Lisa, a filha de 16 anos de Karen, estava em coma havia três meses depois do acidente de carro no qual era passageira. Karen estava furiosa com todos os adolescentes que estavam no carro com Lisa e com os do outro carro. Sua raiva se dirigia mais diretamente ao motorista. Ele não conseguira fazer uma curva.

Todos nós temos uma grande necessidade de justiça. Mas, buscar justiça é diferente de buscar vingança, e esperar que as pessoas se responsabilizem por suas ações é diferente de acusar. Temos o direito de pedir a validação de nosso sofrimento e de buscar justiça.

Geralmente, a diferença entre buscar vingança e buscar justiça depende apenas de se readquirimos ou não o controle de nosso sistema nervoso. Portanto, a descarga da energia traumática e a finalização das reações de sobrevivência podem ser cruciais para uma existência tranquila. Quando nosso sistema nervoso está equilibrado, o cérebro pensante retoma seu papel dominante e nos ajuda a agir com base no pensamento racional, em vez de ter reações impulsivas dirigidas pelas emoções traumáticas.

A CULPA DE SOBREVIVENTE

Quando sobrevivemos a um incidente no qual alguém morreu ou sofreu muito mais do que nós, em geral experimentamos a "culpa de sobrevivente". Sentimo-nos culpados não por sermos responsáveis pela morte ou pelos danos, mas simplesmente por termos sobrevivido quando o outro não conseguiu. Culpamo-nos mesmo quando não fomos responsáveis pela morte dos outros e também fomos vítimas.

A culpa do sobrevivente é uma reação comum que passa com o tempo. *Se isso não acontecer, é necessário pedir ajuda para tratar esse sintoma do trauma.*

POR QUE EU?

Quando vivemos tragédias terríveis, consideramos a vida injusta. Sentimo-nos discriminados e abandonados por Deus. Em geral, perguntamo-nos "Por que eu?" – questão que não tem uma resposta lógica aparente.

Mas, quando lidamos com o infortúnio, "Por que eu?" é a pergunta errada. Qualquer pergunta que não tem resposta pode criar confusão. Perguntar o que precisamos fazer para nos curar ou o que podemos aprender com a situação é mais produtivo e orienta para a cura.

RAIVA

É comum sentir raiva quando sobrevivemos a um incidente traumático. Embora em geral temamos a raiva, ela é um imperativo biológico. É a maneira de sabermos que algo está errado, que nosso senso de "Eu" foi comprometido.

A raiva pode indicar aspectos diferentes: que estamos feridos; que nossas necessidades não estão sendo atendidas de forma adequada; que nossos direitos estão sendo violados; que estamos ignorando questões importantes ou não estamos vivendo com a integridade que gostaríamos.

A raiva não tem uma implicação moral automática. Ela é simplesmente algo que sentimos, uma emoção que nos indica uma área que precisa de atenção. Porém, por corrermos o risco de rejeição e desaprovação quando expressamos raiva – ou porque expressar raiva vai contra determinações aprendidas na infância –, a tendência é reprimi-la, deixando-a acumular até que tenha vazão de maneira agressiva.

A raiva traumática é raiva somada à impotência, que se transforma em ódio; parece tão poderosa que nos sentimos fora do controle e tememos seu poder destrutivo. O medo da raiva traumática pode ser tão intenso que, apavorados com a possibilidade de perder o controle e nos tornarmos destrutivos, evitamos qualquer coisa que possa trazê-la à tona ou a sufocamos a qualquer custo. A raiva reprimida pode desencadear fortes dores de cabeça ou até espasmos descontrolados. As emoções reprimidas, inclusive o medo da raiva descontrolada, estão por trás de inúmeros distúrbios imunológicos e dores crônicas – de enxaquecas, úlcera péptica, colite e síndrome do intestino irritável a fibromialgia, asma e câncer.

Muitas pessoas veem a raiva apenas como uma energia destrutiva, responsável pela agressão e pela violência no mundo de hoje. Em geral, associa-se a raiva a danos causados ao próximo; esse sentimento é responsabilizado por todas as atrocidades que testemunhamos ou acompanhamos na mídia. De fato, induzidos pela ira, muitos causaram grandes danos físicos e emocionais a si e aos outros. Algumas pessoas, em especial as religiosas, podem considerar a raiva vergonhosa ou sinal de fraqueza. Para outras, a raiva serve como uma máscara que cobre sentimentos intoleráveis e inaceitáveis. Os "viciados em raiva", por exemplo, acham mais fácil ficar irados e desabafar do que se sentir impotentes, incompetentes ou envergonhados – sentimentos que são aliviados pela raiva.

COMO LIDAR COM A RAIVA

Tanto reprimir quanto desabafar habitualmente a raiva tem consequências negativas em nossa saúde. O desabafo constante da raiva desencadeia uma ativação crônica do sistema nervoso – aumentando a pressão sanguínea e os batimentos cardíacos –, prejudicando o organismo e criando múltiplos sintomas (veja o Capítulo 3). Além disso, a raiva afasta as pessoas e priva-nos do apoio social, o melhor recurso para nossa saúde e para prevenir o estresse.

Aceitar a raiva como uma fonte de força em vez de tentar negá-la ou desabafá-la traz muito mais benefícios para nós (e para os outros). Considerar a raiva uma energia transformadora permite-nos utilizá-la para a autocompreensão em um nível mais profundo; assim ela passa a ser vista como uma força motivacional que nos conduz à mudança necessária.

Porém, costumamos associar a raiva apenas à sua expressão negativa. Sentimo-nos envergonhados, temerosos, e ficamos bloqueados por ela. Para nos desprendermos do impacto da raiva, é crucial tratá-la como qualquer outro sentimento. Devemos ser capazes de nos "sentar" com a raiva e deixá-la mover-se – sem agir sobre ela nem ceder ao medo e à impotência. Pode ser necessário "reformular" a raiva, mas o objetivo é alcançar relaxamento com ela em vez de constrição.

Para ser emocionalmente saudáveis e capazes de estabelecer limites adequados, precisamos ser capazes de sentir competência para a agressividade – isto é, para a assertividade –, coragem, poder de permanência e capacidade de perseguir energicamente o que desejamos. Sem a capacidade de expressar agressividade, não conseguimos acessar nossa energia instintiva – aquela que nos permite sentir segurança, prazer e estar verdadeiramente presentes na vida.

É muito melhor ver a raiva como uma força que leva à ação firme, determinada e consciente do que encará-la como uma emoção negativa, que precisa ser negada ou reprimida. A raiva pode aguçar a mente e afiar a compreensão. A diferença entre a raiva saudável e a raiva traumática é quanto somos capazes de descarregar e quão grande é nossa capacidade de acomodar os sentimentos que desenvolvemos.

Além disso, a capacidade de sentir raiva abre espaço físico no peito, aumentando nossa capacidade de sentir e acomodar a dor do sofrimento. O sofrimento diminui quando exploramos a energia agressiva da raiva. Quando o peito está oprimido, o sofrimento fica comprimido em um espaço muito pequeno, o que nos faz sofrer mais. Também existem métodos sonoros que ajudam a vibrar e a abrir o tórax, criando espaço para sentimentos mais intensos.

Você pode realizar o Exercício 16 agora ou mais tarde.

EXERCÍCIO 16
Perdendo o medo da raiva

Inicie o exercício levando em conta os medos subconscientes que pode ter da raiva. Por exemplo, imagine o tipo de pessoa raivosa que pode se tornar um problema real para a sociedade. O que essa pessoa está sentindo, dizendo ou fazendo?

Agora, coloque-se no lugar dela e pergunte-se: "O que de pior poderia acontecer se eu perdesse o controle?" À medida que vê essa imagem, observe as sensações que surgem em seu corpo e foque em uma sensação por vez para descarregar o excesso de energia contida na imagem.

Esse exercício pode ajudá-lo a enfrentar e a descarregar o medo da raiva irracional acumulado por anos a fio. Também pode trazer à sua consciência as necessidades insatisfeitas que ativam sua raiva.

TRABALHANDO A RAIVA

Pense em uma situação ou pessoa que provoca muita raiva em você. Perceba as diversas sensações de tensão ou constrição que acompanham essa imagem. Focalize novamente uma sensação por vez. Se a sensação parecer muito explosiva, como um vulcão ou fogo, imagine como ela poderia ser liberada na forma mais "titulada", a menor parcela de energia por vez. Imaginando a raiva liberada como um pequeno córrego de lava descendo a montanha em direção às águas frescas do mar, ou como vapor escapando da panela de pressão, note as sensações de alívio em seu corpo.

AJUDANDO O OUTRO A REDUZIR A INTENSIDADE DA RAIVA

Veja a seguir estratégias que ajudam a reduzir a intensidade da raiva nos outros:

- Use palavras e tom suaves; palavras e intervenções agressivas ou belicosas desencadeiam mais adrenalina no sistema nervoso.
- Evite usar ameaças.
- Transmita sua mensagem sem exageros – apenas mencione fatos simples e óbvios.
- Perceba e legitime os sentimentos da pessoa e ajude-a a expressá-los.
- Evite repreender, punir ou humilhar quando se trata de um comportamento "sequestrado pela amígdala"; apenas aponte o mau comportamento sem humilhar.
- Faça declarações que ajudem a pessoa a "encontrar uma saída" e a ver que o relacionamento pode ser reparado.
- Demonstre o comportamento correto e discuta o que pode ser feito para corrigir o erro.

TRABALHANDO O MEDO

Sentir medo é normal e saudável e nos permite inferir se nossa segurança está em jogo e ainda atuar com relação a isso. Entretanto, quando o trauma permanece sem resolução, o medo também se mantém preso em nosso sistema, fazendo-nos reagir como se o perigo ainda estivesse presente. Em geral, também sofremos o medo de ter medo. O exercício seguinte lhe permitirá descarregar o medo retido em seu sistema e reestabelecer a capacidade de sentir apenas medo saudável.

EXERCÍCIO 17
Trabalhando o medo

Pense em uma situação que lhe provoque muito medo e perceba que sensações ele produz em seu corpo. Focalize uma sensação de constrição por vez e fique atento à descarga que emerge quando a constrição se reduz. Dê tempo para a resposta se completar.

Repare agora se pensamentos ou imagens aparecem. Caso apareçam, perceba que sensações elas geram e continue no processo de rastrear as sensações de constrição em seu corpo, escolhendo uma de cada vez e esperando pela resposta de alívio.

Se não surgirem pensamentos ou imagens, volte-se para a situação de medo, rastreie seu corpo em busca de constrições e descarregue-as.

Volte várias vezes para a situação original de medo até senti-la clara e sob controle e até que seus pensamentos o façam sentir-se mais forte ou mais calmo.

VERGONHA E HUMILHAÇÃO

Os sentimentos de vergonha, culpa e humilhação geralmente são companhias naturais do trauma, mesmo quando são irracionais. E isso é ainda mais evidente nos traumas provocados pelo ser humano.

Mesmo sendo emoções fortes, a vergonha e a humilhação podem ser tratadas como qualquer outro sintoma. Basta focar a atenção nas sensações que elas provocam em nosso corpo e deixar que se movimentem com a ajuda das ferramentas descritas anteriormente.

EXERCÍCIO 18
Trabalhando com vergonha e culpa

Pense em uma situação que o fez se sentir culpado ou envergonhado e perceba que sensações a culpa e a vergonha eliciam em seu corpo. Focalize uma sensação de constrição por vez e fique atento à reação de descarga que emerge quando a constrição se reduz; dê tempo para que o processo se complete.

Continue voltando para a situação eliciadora de vergonha ou culpa, rastreando cada nova constrição até sua redução, ou acompanhando pensamentos e/ou imagens que possam surgir. Rastreie sensações que elas possam produzir em seu corpo, uma de cada vez, aguardando a reação de alívio.

Se não houver pensamentos ou imagens, volte a atenção para a situação geradora de culpa ou vergonha, rastreie seu corpo em busca de sensações de constrição e descarregue-as. Continue voltando à situação, rastreando sensações e descarregando-as até que você se sinta no controle das suas emoções; tenha clareza quanto à atitude a tomar, sentindo que seus pensamentos o deixam mais forte ou mais calmo.

9 O que precisamos saber sobre o vórtice de cura

FATOS SOBRE O VÓRTICE DE CURA

Este é um resumo dos pontos-chave relacionados à cura do trauma:

1. O trauma é curável e pode ser prevenido. É possível desenvolver resiliência ao trauma.
2. Todos temos uma capacidade inata para a autocura. Nosso corpo/mente sabe do que precisa para se curar.
3. Muitas pessoas não buscam aconselhamento porque, no trauma, "sentir-se mal parece certo" e elas não sabem que seu sofrimento pode terminar.
4. Algumas pessoas são naturalmente mais resilientes que outras.
5. O histórico de trauma, a infância, a história familiar e cultural, assim como o nível atual de estresse, afetam a reação de uma pessoa aos incidentes traumáticos. Quanto mais jovem ela for quando sofrer o trauma, menos recursos estarão disponíveis e mais sério será o dano.
6. Para facilitar a recuperação, evite comparar sua capacidade de enfrentamento com a de outros. Duas pessoas não reagem da mesma forma a acontecimentos traumáticos, nem o faz seu sistema nervoso; comparar-se com alguém que está se saindo melhor apenas aumenta o estresse e a ativação.

7   Todas as pessoas têm recursos – algumas mais que outras, dependendo do histórico de trauma e de suas condições físicas. Precisamo-nos conscientizar de nossos recursos, ativá-los e incorporá-los (ancorá-los no corpo).

8   Enfrentar o horror e o terror do trauma utilizando recursos nos ajuda a perder o medo intenso desses sentimentos e prevenir o desenvolvimento de sintomas traumáticos.

9   Os recursos precisam ser acessados no nível das sensações e não apenas no nível mental.

10   A descarga da energia desencadeada no confronto com o perigo e a conclusão das reações instintivas de defesa, luta, fuga e congelamento também nos ajudam a superar incidentes traumáticos e a prevenir o desenvolvimento de sintomas.

11   Ao recobrar a capacidade de conexão com o próprio corpo por meio da sensopercepção e dar ao sistema nervoso o tempo necessário para recuperar sua capacidade de autorregulação, facilitamos o enfrentamento de situações traumáticas.

12   Focalizar sensações sem julgamento ou crítica e deixar que elas se movimentem permite que a ativação traumática seja descarregada.

13   A respiração funciona como uma ponte entre o corpo e a mente. Controlar a respiração focalizando nela a atenção e deixando-a surgir organicamente por si mesma é uma das principais ferramentas para promover a autorregulação.

14   O uso de imagens de "fantasias corretivas" no alívio de um fato traumático ajuda a provocar sensações corporais expansivas, que são opostas às reações constritivas do trauma. Essas sensações expansivas facilitam a descarga do estresse traumático.

15 O apoio e a validação do sofrimento por parte da família, dos amigos, da comunidade e de profissionais da saúde contribuem ainda mais para a cura.

16 O reconhecimento de que a reação de congelamento é um instinto de sobrevivência involuntário e valioso, do qual não devemos nos envergonhar, permite-nos superar a sensação ruim de não termos sido capazes de nos defender.

17 A culpa do sobrevivente é uma reação normal ao trauma e pode ser trabalhada.

18 Tanto a espiritualidade quanto uma atitude positiva são ferramentas fundamentais na cura do trauma.

19 A compaixão pelo próprio sofrimento e pelo dos outros acelera a recuperação.

20 A resolução do trauma no nível do sistema nervoso permite processar e corrigir naturalmente as crenças negativas ligadas ao incidente que o provocou.

21 A cura do trauma pode lhe dar a oportunidade de transformar sua vida e suas crenças negativas.

22 Você pode verificar se descarregou totalmente a energia traumática de seu sistema observando suas reações corporais quando se recorda do fato traumático. O sentimento de hiperativação e a percepção de sensações constritas significam que você precisa continuar trabalhando, ao passo que sensações de tranquilidade indicam que seu trauma está resolvido.

PARTE III

Trauma secundário e trauma coletivo

10 A natureza e a cura do trauma secundário

11 Curando o trauma secundário relacionado com a mídia

12 O trauma coletivo

10 A natureza e a cura do trauma secundário

DEFINIÇÃO DE TRAUMA SECUNDÁRIO

O trauma secundário se refere ao *impacto que o indivíduo pode sofrer quando exposto ao trauma de outras pessoas*. Também chamado de "fadiga de compaixão", ele se origina na convivência com o medo, a dor e o sofrimento de pessoas traumatizadas e pode ser tão penoso e inquietante quanto o trauma primário. As vítimas do trauma secundário apresentam muitos dos mesmos sintomas que os traumatizados e correm o risco de desenvolver sintomas cumulativos induzidos pelo estresse ou pelo Transtorno de Estresse Pós-Traumático (TEPT).

> ### UM EXEMPLO DE TRAUMA SECUNDÁRIO
>
> Kerry Smith ouviu gritos no andar de baixo de seu apartamento. Ela correu para a rua e viu um homem saindo rapidamente de carro. Então correu para o andar de baixo. Quando entrou no apartamento, tudo que viu foi sangue e tragédia. Sua vizinha Clara tinha sido apunhalada até a morte por John, um amigo comum. Mais tarde, Kerry ficou sabendo que John teve um surto psicótico.
>
> Kerry congelou. Bloqueou todo o horror e voltou a trabalhar no dia seguinte. Não percebeu o impacto traumático que o incidente teve sobre ela nem ligou seu retraimento às atividades normais à tragédia. Só mais tarde foi perceber que tinha dissociado do acontecimento e ficado insensível e entorpecida.

Em uma sessão de Experiência Somática®, ela focalizou a dimensão de seus sintomas: "Levei um ano para conseguir dormir bem novamente. Sempre que passava na frente do apartamento de Carla, minha cabeça se voltava automaticamente para a direita e eu sentia meu corpo enrijecer. Não conseguia me controlar. Isso fica em você. Só agora, depois de três anos, consigo chorar e sentir a tristeza de perder uma amiga, perceber a enormidade do acontecimento, sua arbitrariedade. Só agora posso admitir o medo. Percebi que estava levando a vida como se estivesse em uma nuvem, sem participar das atividades normais e me isolando. Estava ficando cada vez mais irritada e não sabia a razão. Eu absolutamente não conseguia me sentir próxima das pessoas".

SINTOMAS DO TRAUMA SECUNDÁRIO

Quando testemunhamos incidentes traumáticos e somos afetados pelo impacto que eles provocam em outras pessoas sem conseguir processar adequadamente seus efeitos em nossa psique e em nosso organismo, podemos apresentar as seguintes reações:

- Compartimentagem ou dissociação dos próprios sentimentos a fim de evitar nos sentirmos sobrecarregados; vergonha de nossa dor porque não somos as vítimas "reais".
- Olhar a vida através das lentes estreitas do trauma, fixar-nos nos acontecimentos traumáticos, concentrar-nos na desgraça e no sofrimento do mundo excluindo outros aspectos da vida nos traz hipervigilância, pânico, ansiedade, depressão, sentimentos de repulsa, insensibilidade e indiferença à violência.

O trauma secundário pode eliciar reações tardias, desencadeadas por pequenos incidentes ou detalhes imperceptíveis ocorridos posteriormente.

TRAUMA SECUNDÁRIO RELACIONADO COM A MÍDIA E O VÓRTICE DE TRAUMA COLETIVO

Nossa fascinação por histórias traumáticas permite-nos superar nossos medos e ensaiar reações adequadas aos acontecimentos trágicos. Porém, nas últimas décadas, com o advento da mídia global trazendo notícias traumáticas 24 horas por dia, sete dias por semana, para dentro de casa, desenvolvemos uma tolerância sensorial ao macabro. *Ao observar e relatar a tragédia e a violência, a mídia ficou presa em um turbilhão de hiperestimulação. E nós, o público, ficamos hipnotizados, incapazes de parar de olhar para o horror.*

Esse turbilhão fixa-se em nossas feridas traumáticas coletivas, alimentando nosso trauma secundário e nos deixando mais amedrontados do que precisaríamos estar; começamos a acreditar que o mundo é mais violento que a experiência pessoal que temos dele. Além disso, esse turbilhão também pode enfatizar as diferenças políticas entre os povos, estimulando a paranoia e o medo do "outro" e facilitando as reações violentas.

O ESTIGMA DO TRAUMA

Apesar de toda informação disponível sobre traumas, devido ao impacto da tragédia do 11 de setembro, dos recentes *tsunamis* e terremotos e da Guerra do Iraque, as vítimas de trauma primário ou secundário ainda são estigmatizadas. Precisamos superar esse tabu e aprender a falar abertamente sobre o trauma, tratando-o da mesma maneira que fazemos com qualquer outro distúrbio.

Devido a esse estigma, as pessoas não sabem onde procurar ajuda e têm medo de perguntar. Há, todavia, muitas ferramentas novas e disponíveis para curar o trauma. Além disso, toda informação apresentada aqui para a cura do trauma *primário* aplica-se também ao *secundário*.

11 Curando o trauma secundário relacionado com a mídia

TRAUMA SECUNDÁRIO E A DISTORÇÃO DA MÍDIA

Precisamos ter consciência do impacto do trauma secundário nos profissionais da mídia e no seu discernimento para a cobertura. Ao fazer reportagens com vítimas do trauma em zonas de conflito, os profissionais de mídia podem ser "atraídos" pelo vórtice de trauma das vítimas, o que gera ideias parciais e emoções polarizadas. Inocentemente, eles podem acreditar nas narrativas distorcidas, perder a imparcialidade e, pior de tudo, falhar na checagem das informações recebidas. Isso se torna um problema real quando uma cobertura parcial é utilizada para informar – e distorcer – políticas governamentais nacionais e internacionais.

PROTEGENDO A NÓS MESMOS

Existem passos específicos para ajudá-lo a se proteger do trauma secundário relacionado com a mídia:

- Quando ficar exposto a imagens traumáticas da televisão, rastreie os sinais corporais de ativação e, conscientemente, descarregue as sensações constritas.
- Evite o contato com a divulgação repetitiva de imagens traumáticas, desligando a televisão ou mudando de canal, ouvindo a notícia apenas uma vez. Depois, se for necessá-

rio, ligue a TV para obter novas informações e repita o mesmo processo, evitando as imagens repetitivas.

- Se perceber que está sendo afetado por imagens perturbadoras da mídia, busque seus recursos e fixe-os em seu corpo.

> Como disse uma de minhas clientes sobre o 11 de setembro: "Fiz o que você recomendou: parei de olhar as cenas trágicas que se repetiam na televisão. Percebi que estava me empanturrando, enchendo minha barriga com trauma. Eu não conseguia mais digerir aquelas imagens. Elas ficaram comigo. Eu não conseguia dormir e percebi que estava assaltando a geladeira várias vezes por dia. Quando parei de assistir às notícias obsessivamente, voltei à vida normal e sadia".

Veja no Apêndice C dicas para os pais lidarem com as crianças e com a mídia.

UM EXEMPLO DE PREVENÇÃO DO TRAUMA COM UM JORNALISTA

Marcos foi enviado a um país estrangeiro para cobrir um atentado suicida ocorrido em uma boate. Ele gravou no local do massacre e entrevistou os parentes das vítimas. No passado, cobrira acontecimentos ainda mais devastadores, incluindo terremotos na Turquia e na Índia que deixaram milhares de mortos e centenas de milhares de desabrigados. Marcos tinha um bom domínio em situações de tragédia e horror, mas mesmo assim não estava preparado para o que lhe aconteceu daquela vez.

Depois de entrevistar uma vítima que era de seu país, um pai que havia perdido uma filha e um filho na explosão, ele caminhou pelo local, que já estava limpo. De repente, tropeçou na perna de uma menina; estava quase pisando nela. Por reflexo, ele pegou a perna, embrulhou-a e enviou-a para as autoridades de seu país.

No dia seguinte, Marcos ficou pasmo ao perceber que metade de seu corpo estava totalmente enrijecida. No mesmo dia, um amigo o convidou para participar de um dos meus *workshops*, onde ele descobriu que estava experimentando uma reação traumática aos acontecimentos do dia anterior. Durante o *workshop*, uma das assistentes o levou de volta mentalmente ao local do incidente e o fez reviver as cenas, uma de cada vez, enquanto lhe pedia que prestasse muita atenção em seu corpo. Marcos reviveu as cenas mentalmente, focalizando as sensações que elas desencadeavam, e começou a descarregar parte da ativação que sentiu quando entrevistou o pai. Quando chegou na cena em que tropeçava no membro, seu corpo sacudiu e tremeu por um momento. Compreendendo que aquilo era bom para ele, permitiu o movimento involuntário até que ele parasse por si mesmo. Notou uma onda de calor se alastrando pela parte superior do corpo e o relaxamento da tensão muscular. "Percebi então que a tensão tinha de fato ido embora", ele disse, sentindo que poderia falar de sua experiência não como um incidente traumático, mas como uma experiência significativa, na qual ele teve a oportunidade de reunir todas as partes do corpo da vítima e devolvê-las à sua família.

O QUE A MÍDIA PODE FAZER PARA ALIMENTAR O VÓRTICE DE CURA?

Uma mídia sensível ao trauma pode nos ajudar a processar a dose diária de tragédia e violência no mundo, sem desistir da esperança. A mídia tem potencial para facilitar a cura do trauma em grandes populações: basta simplesmente informar o público sobre a natureza do trauma e suas características, bem como sobre os métodos disponíveis para curá-lo.

Também podemos convencer a mídia a expandir o âmbito de sua atuação, informando não apenas sobre tragédia e violência, mas também sobre as habilidades e ferramentas disponíveis para lidar melhor com o trauma e curá-lo. A mídia ainda pode equilibrar a cobertura da tragédia e da violência com notícias que aumentem o bem-estar da sociedade.

Os meios de comunicação são acusados de amplificar o vórtice de trauma com sensacionalismo, incitando o medo ou entorpecendo o público. Porém, a maioria dos profissionais de mídia é simplesmente sugada pelo vórtice de trauma ao relatar sem parar tragédias e violência. Acusações e incriminações não levam a nada. Se um número suficiente de leitores e espectadores pedir à mídia que se transforme em uma força curativa, ela será motivada a atender a esse pedido, saindo assim do vórtice de trauma.

Kevin Carter, um fotojornalista sul-africano, ganhou o prêmio Pulitzer em 1994 por uma foto feita no Sudão que "fez o mundo chorar". Ela tornou-se um ícone da situação do continente africano. A foto mostrava um abutre examinando uma criança caída a caminho de um campo de refugiados no Sudão.

Carter declarou que tirar aquela foto representou "a experiência mais terrível de minha vida". Dois meses depois de ganhar o prêmio, ele morreu por envenenamento com monóxido de carbono, em sua caminhonete vermelha. Segundo sua irmã, ele estava deprimido e "assombrado pela recordação vívida da matança, dos cadáveres, do ódio e do sofrimento, das crianças famintas e feridas".

MEDIDAS QUE A MÍDIA PODE TOMAR

Podemos encorajar o vórtice de cura pedindo que a mídia insira imagens curativas na cobertura de tragédias, como:

- Atos de bondade, compaixão e serviços que as pessoas prestam diante da tragédia individual ou coletiva, mostrando em tempo real (e não dias depois) pequenas cenas de cura, como enfermeiras cuidando de feridos, bombeiros oferecendo segurança às pessoas, policiais distribuindo cobertores entre as vítimas e braços protetores sobre ombros cansados.
- Relatos da recuperação de indivíduos e grupos que ajudem as pessoas e as comunidades a recobrar a esperança e a superar os sentimentos de impotência e pânico.
- A cobertura de pessoas na linha de frente e seu sucesso ao lidar com desastres naturais, tais como bombeiros apagando incêndios, policiais resgatando vítimas etc.

O que a mídia pode fazer para minimizar o vórtice de trauma

Podemos pedir aos meios de comunicação que evitem a cobertura incessante de fatos que envolvam violência e tragédia e procurem não mostrar imagens repetitivas e perturbadoras, pois ela imprime profundamente tais imagens na psique das pessoas, colocando-as em risco de ter *flashbacks*, pensamentos obsessivos, sentimentos de apreensão e medos exagerados.

PREVENINDO O FENÔMENO *COPYCAT* ("IMITAÇÃO") E DIMINUINDO A MANIPULAÇÃO DA MÍDIA POR TERRORISTAS

Um dos perigos mais significativos na cobertura midiática da tragédia e da violência é a possibilidade de as pessoas reproduzirem esses incidentes. As crianças são particularmente vulneráveis ao fenômeno *copycat*. Podemos impedi-lo pedindo à mídia que tome as seguintes providências:

- Trabalhar em conjunto com a comunidade terapêutica para mostrar ao público as consequências da violência infligida aos indivíduos, a dor física dos sobreviventes, a devastação emocional das famílias das vítimas e o sofrimento das vítimas. Coletivamente, embora as imagens da devastação possam na realidade agradar aos terroristas, que não precisam delas para se inspirar, podem muito bem dissuadir jovens, cuja vulnerabilidade os torna uma presa fácil da lavagem cerebral. Tal cobertura pode ir além de apenas uma nota jornalística e fortalecer imagens de resiliência e cura.
- Resistir à atração do horror e ao foco unilateral subsequente no vórtice de trauma. Evitar dar uma importância desproporcional a certos fatos; fugir da cobertura sensacionalista. "Sensacionalizar" um incidente pode significar sua apresentação distorcida e fora de seu contexto mais amplo.
- Privar os terroristas de uma plataforma, mantendo silêncio sobre a identidade dos perpetradores, negando-lhes seus "15 minutos de fama" e recusando espaço na mídia para suas mensagens distorcidas.

- Equilibrar o tempo dedicado ao terror cobrindo todos os atentados que falharam ou o custo do terror para os perpetradores ou para seus aliados.

12 O trauma coletivo

DEFINIMOS TRAUMA COLETIVO como o impacto dos incidentes traumáticos sobre um grande número de pessoas. O trauma coletivo pode resultar de acontecimentos simples (*tsunami*) ou de situações traumáticas crônicas (ameaça de terror, opressão e pobreza). O trauma coletivo pode ser transmitido de geração em geração, resultando em uma herança de disfunção traumática física, emocional, cognitiva e comportamental. É importante reconhecer quando somos parte de um vórtice de trauma coletivo para conseguir sair dele.

EFEITOS DO VÓRTICE DE TRAUMA EM GRUPOS E NAÇÕES

Grupos e nações podem ser facilmente envolvidos pelo "vórtice de trauma coletivo" quando são confrontados com uma *experiência compartilhada de imagens macabras e repetitivas de antigos traumas ou de novos incidentes dolorosos*. Quando um vórtice de trauma coletivo assume o controle, o grupo ou nação engolida por ele pode ser vítima de *slogans* instigadores e de comportamentos primitivos de retaliação que talvez resultem em violência de massa.

Uma mistura de necessidades sociais não satisfeitas e traumas anteriores não resolvidos é um solo fértil para que o vórtice de trauma coletivo ganhe força. Disputas tribais, étnicas, políticas ou econômicas criam ansiedade e desespero, o que mantém o sistema nervoso ativado e sequestra a inteligência emocional. Por outro lado, isso leva um grupo ou nação a sucumbir a comportamentos irracionais e destrutivos. É comum que aqueles que uma vez foram vítimas se transformem em vitimadores.

DE SIMPLES INCIDENTE TRAUMÁTICO A BUMERANGUE DE UM TRAUMA COLETIVO GLOBAL

Os ataques às Torres Gêmeas, em Nova York, e ao Pentágono, em Washington, bem como a queda do avião na Pensilvânia, em 2001, são exemplos perfeitos dos aspectos multifacetados do trauma coletivo e dos seus diversos níveis de influência. Os ataques não impactaram diretamente apenas os cidadãos de Nova York, Pensilvânia e Washington; devido à cobertura incessante da mídia, impactaram a psique americana e o mundo todo.

Além disso, o sucesso inesperado dos ataques abasteceu o vórtice de trauma dos agressores, aprofundando sua convicção na justiça de sua causa e validando os meios utilizados; também trouxe de volta o trauma coletivo dos grupos e nações que se sentiram vingados pelo ataque a um país que parecia invencível e imune ao sofrimento coletivo.

A falta de preparo da consciência coletiva para lidar com o impacto traumático no comportamento e nas crenças de todas as partes envolvidas pode ser responsabilizada pela maneira como a guerra ao terror foi conduzida, pelas guerras posteriores no Afeganistão e no Iraque, pelas reações no mundo islâmico, pela reação da Europa e pela contínua turbulência ou reativação de vórtices coletivos preexistentes, como no Líbano, no conflito Israel-Palestina, na Rússia, na Coreia e na China.

SINAIS DO VÓRTICE DE TRAUMA COLETIVO

A lista de sinais a seguir permite-nos reconhecer quando um vórtice coletivo está atuando em grupos ou nações:

- Desconexão de outros grupos de seu meio ou de grupos vizinhos.
- Imposição étnica, racial, religiosa ou econômica de um grupo ou nação sobre "os outros" e promoção de uma "limpeza" étnica.
- Submissão a uma causa destrutiva, supostamente superior, na qual os indivíduos suspendem seu pensamento crítico.
- Culpabilização "dos outros" por seu sofrimento e seus problemas.
- Crença de que a destruição dos "outros" resolverá seus problemas.
- Desqualificação de qualquer coisa que se origine nos "outros".
- Sinais manifestos de xenofobia: proibir, eliminar ou destruir todos os símbolos artísticos, culturais e religiosos de influência estrangeira.
- Demonização do "outro" retratando-o como mau, incapaz e indigno de compaixão, e generalização das atitudes de alguns para todo o grupo.
- Desumanização do "outro", utilizando a mídia impressa e eletrônica, canções, caricaturas e propaganda que desvalorizem sua humanidade.
- Adoção de uma linguagem hostil e incitação da violência contra o "outro".
- Ensinar as crianças a ter ódio do "outro".
- Repetição e aprofundamento de narrativas traumáticas.

- Repressão da mídia: intimidação, ameaças, aprisionamento, exílio ou assassinato de intelectuais ou profissionais de mídia da oposição.
- Uso da violência como instrumento para recuperar a sensação do controle aparentemente perdido.
- Encorajamento/participação em matanças, guerras e genocídios.

O vórtice de trauma coletivo pode ser sedutor – principalmente porque acusar alguém e encontrar um bode expiatório oferece aos estressados uma "saída". Esse foco no "outro" fornece a aderência necessária para que os grupos traumatizados consigam formar novos grupos, que oferecerão conexão, significado e uma nova identidade social e visão de mundo, ainda que isso represente uma falsa esperança.

CIRCUNSTÂNCIAS QUE CONTRIBUEM PARA O DESENVOLVIMENTO DO TRAUMA COLETIVO

Veja a seguir fatores que contribuem para o desenvolvimento do trauma coletivo:

- Situações de vida difíceis, como pobreza e aspirações frustradas.
- Vulnerabilidade e autoconceito social distorcido, derivados de uma atuação social medíocre (opressão, colonialismo ou perda de poder político).
- Mudanças importantes no sistema político durante os últimos dez anos.

- Ansiedade gerada por qualquer modificação que ameace a necessidade de segurança das pessoas.
- Ruptura de valores, tradições culturais e estilo de vida devido a mudanças tecnológicas.
- Instabilidade, caos, mudanças nas tradições e nos costumes e visão de mundo ameaçadora.
- Ameaça física e emocional, estagnação econômica, humilhação por derrota ou pela crescente superioridade econômica e tecnológica de um grupo ou nação vizinha.

TENDÊNCIAS CULTURAIS QUE PODEM ALIMENTAR UM TRAUMA COLETIVO

As seguintes tendências culturais podem contribuir para o trauma coletivo:

- Forte inclinação cultural para a autoridade e respeito a ela.
- Tradição de obediência a líderes.
- História de violência, sendo a agressão uma forma homenageada, respeitada e idealizada de conduzir um conflito.
- Discriminação sistemática e incorporada de outro grupo e sua desvalorização como separado e diferente da identidade coletiva, provocando o desejo de "pureza" e "limpeza".
- Propensão cultural de impor aos outros seus próprios valores econômicos, raciais e religiosos.
- Tendência histórica a aumentar o território do grupo.
- Cultura com baixo nível de flexibilidade e de adaptação.

AS NECESSIDADES BÁSICAS INDIVIDUAIS E COLETIVAS

Grupos e nações, assim como os indivíduos, têm necessidades básicas universais que precisam ser atendidas. São elas:

- Segurança.
- Autonomia.
- Respeito e autoimagem positiva.
- Validação da experiência e da realidade de cada um.
- Competência e eficiência.
- Sensação de ter significado, de contribuir para o todo e de ter um papel no mundo.
- Confiança nos outros e também de ser vistos como dignos de confiança.

Os acontecimentos traumáticos são muito mais devastadores para as pessoas quando essas necessidades não estão sendo atendidas. O trauma afeta o modo como as necessidades básicas são satisfeitas, distorcendo a prioridade e a intensidade delas. As necessidades frustradas adquirem uma qualidade de urgência e desespero, levando as pessoas a tentar satisfazê-las a qualquer custo. Algumas necessidades são supridas pela exclusão dos outros ou à custa das necessidades dos outros.

COMO AJUDAR A PROMOVER A CURA NO NÍVEL COLETIVO

O trauma distorce as narrativas individuais, grupais e nacionais. Ele leva as pessoas a focar apenas naquilo que foi feito contra elas e a desconsiderar sua participação no acontecimento. As pessoas distorcem os fatos históricos e ignoram as condições que criaram sua situação traumática.

Ao tentar ajudar as pessoas que estão em um vórtice traumático, torna-se imperativo identificar as distorções em suas narrativas e saber se um indivíduo, grupo ou nação satisfaz suas necessidades básicas de maneira construtiva ou destrutiva. Por exemplo, analisar como as vítimas estão satisfazendo suas necessidades básicas depois do trauma pode ajudar a família, os amigos ou a comunidade internacional a alertar os indivíduos, o grupo ou a nação em questão a validar seu sofrimento e suas dificuldades, além de adverti-los quanto à destrutividade de suas reações.

Em geral, indivíduos ou grupos traumatizados são convencidos de que suas ações para atender a suas necessidades são as únicas possíveis, não tendo consciência de suas consequências fatais. A família, os amigos e a comunidade internacional podem ajudar a aconselhar e a avaliar a eficácia das ações dos indivíduos e grupos traumatizados perguntando:

- Eles estão realmente satisfazendo suas necessidades básicas?
- Estão obtendo segurança e autonomia?
- Suas ações sustentam sua autoestima e inspiram respeito nos outros?
- Eles inspiram compaixão e o desejo de validar seu sofrimento?
- Os meios que eles utilizam são de fato eficientes para atender às suas necessidades?
- Suas ações estão conquistando a confiança dos outros? Facilitando sua capacidade de confiar no próximo?

- Seu comportamento está criando um papel significativo para eles no mundo e traz reconhecimento para a vida deles ou para sua cultura?
- As atitudes tomadas preenchem algumas necessidades básicas sem colocar outros povos em perigo?

Satisfazer a necessidade de alguns à custa de outros é uma clara indicação de ter sido sugado pelo vórtice de trauma e um prognóstico da perpetuação desse trauma.

O MODELO ROSS: "CURA DO SISTEMA NERVOSO COLETIVO"

A cura do trauma no nível coletivo é essencial para a paz mundial. Aprender a curar o trauma em nível coletivo pode ser a chave para diminuir a violência e sustentar um ambiente pacífico. Além do público sensível ao trauma, diversos setores sociais, quando recebem informações corretas, podem ajudar a minorar os efeitos do "trauma coletivo" planejando intervenções que promovam a cura e evitando que essas intervenções ampliem o trauma.

O Instituto Internacional para a Cura do Trauma (International Trauma-Healing Institute/ITI) patrocina publicações cujo objetivo é introduzir uma linguagem universal e apolítica para dar sentido aos conflitos, bem como ferramentas de enfrentamento aos vários setores sociais que se articulam com o trauma. Esperamos que essas informações contribuam para a descoberta de soluções para conflitos aparentemente intratáveis que nos envolvem.

Desenvolvemos *workshops* e produzimos material para profissionais das áreas seguintes que, se obtiverem informações sobre o trauma, seus efeitos e a forma de curá-lo, podem também ajudar o público em geral com essa questão:

- Profissionais de saúde mental: psiquiatras, psicólogos e assistentes sociais. Profissionais da saúde e trabalhadores da linha de frente: médicos, cirurgiões, anestesistas, enfermeiros, paramédicos, bombeiros, policiais e pessoal do atendimento de emergência.
- Educadores: escolas, orientadores pedagógicos e psicólogos, professores, pais e associações de pediatras.
- Religiosos: pastores, rabinos, freiras, imãs, lamas e gurus.
- Sistemas judiciário e penitenciário: juízes, funcionários de instituições de jovens infratores, advogados especializados em Direito da Família.
- Exército: generais, soldados e médicos, psicólogos e capelães.
- Mídia.
- Autoridades governamentais: ministros da Saúde, da Educação, de Relações Internacionais, oficiais médicos e líderes políticos locais e internacionais.
- Diplomatas e organizações não governamentais como a Cruz Vermelha, os Médicos Sem Fronteiras, a Organização Mundial da Saúde, assim como pessoal e equipes de apoio internacional das Nações Unidas.

Quando as pessoas desses amplos setores compartilham uma compreensão comum do trauma, desenvolvendo uma linguagem universal para lidar com sua devastação, são capazes de oferecer melhores cuidados aos traumatizados, proteger o público e ajudá-lo a desenvolver resiliência.

Por exemplo:

- *Setenta por cento dos problemas médicos não identificados estão relacionados com o trauma*; conhecimento atualizado sobre o trauma ajuda os médicos no diagnóstico dos sintomas geralmente misteriosos do trauma.
- Como *o trauma desconecta a pessoa de sua espiritualidade*, religiosos bem informados podem identificar os congregados afetados e ajudá-los a superar a vergonha, a culpa e o desespero que costuma acompanhar o trauma.
- *As escolas são o primeiro setor fora da família a lidar com o impacto do trauma nas crianças* e com comportamentos contraproducentes subsequentes em sala de aula. Muitos dos traumas de infância ainda não são reconhecidos e permanecem sob o rótulo de "distúrbios de aprendizagem" ou apenas "problemas de comportamento". Professores e psicólogos escolares treinados para identificar crianças com sintomas traumáticos têm mais condições de ajudar as crianças traumatizadas.
- Os corpos diplomáticos e ONGs sensíveis ao trauma podem *reduzir o desenvolvimento de conflitos internacionais recomendando políticas e medidas que ajudem a diminuir o trauma coletivo.*
- Militares conscientes do trauma *podem tomar decisões de guerra mais racionais e também proteger seus soldados do trauma de guerra.*
- Meios de comunicação.

PARTE IV

Apêndices e recursos

Apêndice A - Outros tratamentos para o trauma

Apêndice B - Sites de organizações que promovem a cura

Apêndice C - Dicas para os pais lidarem com as crianças e com a mídia

Bibliografia

Apêndice A Outros tratamentos para o trauma

Este apêndice é uma introdução às técnicas breves e eficazes na cura do trauma (além da Experiência Somática®). Algumas dessas técnicas são amplamente aplicáveis e desenvolvem resiliência; todas elas buscam a cura do trauma.

TRATAMENTOS COGNITIVO-COMPORTAMENTAIS E A TERAPIA DE EXPOSIÇÃO

A *terapia cognitivo-comportamental* (TCC), desenvolvida por Aaron T. Beck nos anos 1970, é uma abordagem que enfoca e soluciona problemas *identificando pensamentos* – de pensamentos automáticos e inconscientes a suposições e crenças profundas – *que produzem sentimentos negativos e dolorosos e comportamentos mal-adaptados*. Baseada na crença de que *ao mudar o pensamento é possível mudar as emoções e o comportamento*, essa terapia também usa métodos comportamentais, como técnicas de relaxamento, manejo da raiva, treinamento da autoconfiança e exposição gradual às situações temidas. Em geral, o tratamento é breve. Muitos terapeutas competentes praticam a terapia cognitivo-comportamental em todo mundo. Ela é direta e potente, e sua eficácia no tratamento do Transtorno de Estresse Pós-Traumático (TEPT) foi empiricamente comprovada.

A *terapia do esquema* (*Schema-Focused Cognitive Therapy*) foi desenvolvida por Jeffrey E. Young, discípulo do dr. Beck, como uma variação da TCC. A técnica combina a terapia cognitivo-comportamental, experimental, interpessoal e psicanalítica em um modelo unificado de tratamento, *trazendo resultados para pessoas com antigos temas, esquemas e padrões de pensamento e sentimento de derrota.*

A terapia de exposição (*Exposure Therapy*) foi desenvolvida pela dra. Edna B. Foa, professora de Psicologia Clínica e de Psiquiatria na Universidade da Pensilvânia e especialista na área de TEPT. A dra. Foa acredita que, se *uma pessoa for encorajada a se expor às imagens traumáticas durante o tempo necessário, na presença de um terapeuta* – apesar das dificuldades que isso possa criar para ela –, *o medo que ela sente dessas imagens vai finalmente desaparecer.*

MEDICAÇÃO

A medicação pode reduzir os sintomas opressores da ativação – como distúrbios do sono, reflexo de sobressalto exagerado, pensamentos intrusivos, evitação, depressão e pânico – e melhorar o controle do impulso e os problemas comportamentais. Atualmente, os laboratórios farmacêuticos estão tentando desenvolver medicações que ofereçam proteção contra o estresse.

A combinação de medicação e terapia é enfaticamente recomendada. Observe que muitos remédios para o tratamento do trauma podem provocar efeitos colaterais leves ou significativos.

TÉCNICAS DE VANGUARDA E INOVADORAS

Dessensibilização e reprocessamento por movimentos oculares (EMDR)

O EMDR (*Eye Movement Desensitization and Reprocessing*), desenvolvido pela psicóloga Francine Shapiro, Ph.D., envolve a estimulação visual, auditiva e cenestésica bilateral enquanto o indivíduo traumatizado processa e reintegra o material traumático.

Ao utilizar a EMDR, a pessoa pensa na recordação traumática e nas crenças negativas a ela associadas (por exemplo, "Sou culpada por ter sido estuprada"), enquanto o terapeuta simultaneamente produz movimentos e sons que a pessoa segue. O terapeuta pode fazer movimentos rápidos alternados com dois dedos ou com uma varinha. Pode, ainda, alternar palmas ou sons do lado direito e esquerdo. Auditiva ou visual, *a estimulação bilateral parece ser um elemento essencial do tratamento*. Os pesquisadores teorizam que o EMDR cria uma sinapse, que liga o material represado à capacidade curativa inata do indivíduo.

A eficácia do EMDR – e de outras abordagens terapêuticas que utilizam a estimulação sensorial rítmica e repetitiva aliada à recordação cognitiva para tratar o trauma – pode ser explicada pelo trabalho recente sobre o processo de desenvolvimento de redes neuronais que fazem a mediação entre várias funções e a memória traumática.

Pacientes de EMDR se curam e se recuperam duas vezes mais depressa. Em média, eles ficaram livres dos sintomas em apenas seis sessões, em comparação com as 12 sessões do tratamento-padrão.

Testes psicológicos demonstraram que a terapia por meio de movimentos oculares funcionou melhor para aliviar a depressão e a ansiedade para a maioria dos pacientes de EMDR testados em escala normal depois da terapia.

O EMDR também é uma ferramenta excelente para o tratamento da autoimagem negativa.

Redução de incidente traumático
(*Traumatic Incident Reduction*/TIR)

A TIR é uma dessensibilização extremamente focada e repetitiva e uma abordagem imaginativa cognitiva que foi aperfeiçoada em meados dos anos 1980 pelo psiquiatra californiano Frank Gerbode. É uma ferramenta diretiva e controladora que aborda pensamentos, sentimentos, emoções e sensações.

O processo *funciona bem para adultos e crianças*: em uma única sessão, a pessoa é orientada *a rever um incidente traumático, primeiro em silêncio e depois em voz alta, repetidamente, até chegar a uma resolução interna*. O papel do terapeuta é manter o cliente totalmente concentrado no incidente. *A técnica possibilita que a pessoa tenha* insights *próprios e resolva suas dificuldades.*

Embora seja estruturada, a TIR pode ser aplicada informalmente. Terapeutas de diferentes formações teóricas podem aplicá-la no tratamento de pacientes de qualquer cultura.

A TIR pode ser ensinada a leigos. Porém, é preciso dar o tempo necessário para processar um incidente traumático em uma sessão. Além disso, pode ser muito doloroso para uma pessoa relatar repetidamente uma experiência traumática.

Dissociação visual cinestésica (*Visual Kinesthetic Dissociation*/VKD)

A VKD está relacionada com a Programação Neurolinguística (PNL), desenvolvida no início dos anos 1970 por Richard Bandler e John Grinder. É uma abordagem baseada na observação minuciosa dos padrões verbais, comportamentais e sensoriais.

Na aplicação da VKD em incidentes traumáticos, *o cliente é conduzido por um programa progressivo de dissociação intencional do trauma*, assistindo a um "filme" em que revive o fator traumático. Depois, ele *é ensinado a imaginar que está se comunicando com seu self jovem e traumatizado e tranquilizando-o*. Consequentemente, a experiência completa é integrada em sua vida atual.

Terapia do campo de pensamento (*Thought Field Therapy*/TFT)

A TFT, desenvolvida por Roger Callahan no início dos anos 1980, *exige apenas que o cliente pense brevemente sobre o incidente traumático enquanto bate de leve em ou fricciona pontos específicos dos meridianos da acupuntura* (que se acredita estimular o sistema bioenergético do corpo).

A técnica permite que os fatores traumáticos afrouxem o controle sobre as vítimas. Ela ajuda a livrar o cliente de seus *flashbacks*, das preocupações e de pensamentos obsessivos.

Técnica de libertação emocional (*Emotional Freedom Technique*/EFT)

A EFT é um ramo da TFT. Gary Craig, aluno de Callahan, *simplificou a TFT desenvolvendo uma sequência ampla que cobre os sete meridianos do corpo*. Isso permite deixar de lado o diagnóstico detalhado.

A EFT, assim como a TFT, se apoia na ideia de que os problemas emocionais estão diretamente ligados aos distúrbios e bloqueios do sistema de meridianos da acupuntura. Os clientes que tiveram experiências bem-sucedidas com esse método sentiram-se transformados e aliviados da sua dor.

Craig mantém uma lista atualizada na internet dos métodos baseados em sua abordagem. Determinado a tornar a EFT disponível para o maior número de pessoas possível, ele vende vídeos e gravações a preços acessíveis. O tratamento tem como objetivo neutralizar, equilibrar ou, dito de outro modo, limpar os bloqueios, tocando de leve ou pressionando os pontos de acupuntura enquanto o paciente traz o problema à mente.

Em minha prática, observei que principalmente as crianças se beneficiam da técnica e podem praticá-la sozinhas em casa. Algumas até ensinaram os amigos a usá-la.

Apêndice B — Sites de organizações que promovem a cura

ASSOCIACÃO BRASILEIRA DO TRAUMA
www.traumatemcura.com.br

SOMATIC EXPERIENCING FOUNDATION
FOR HUMAN ENRICHMENT
www.traumahealing.com

EMOTIONAL FREEDOM TECHNIQUES (EFT)
www.emofree.com

ASSOCIATION FOR COMPREHENSIVE ENERGY
PSYCHOLOGY (ACEP)
www.energypsych.org

CHILEL QIGONG
Para saúde, longevidade, criatividade e clareza mental
www.chilel.com

EYE MOVEMENT DESENSITIZATION
AND REPROCESSING (EMDR)
www.emdr.com

TRAUMATIC INCIDENT REDUCTION ASSOCIATION (TIRA)
www.tir.org
www.healing-arts.org/tir

COGNITIVE BEHAVIORAL THERAPY
http://nyicbt.org/

SCHEMA-FOCUSED COGNITIVE THERAPY
www.schematherapy.com

Apêndice C **Dicas para os pais lidarem com as crianças e com a mídia**[2]

ESTE CAPÍTULO É muito semelhante ao texto que o originou: *Beyond blame* [Além da culpa], livro extraordinário de Elizabeth Thoman cujo objetivo é auxiliar os pais que buscam intermediar a relação entre seus filhos e a mídia. É uma obra excelente que todos os pais e educadores devem consultar.

Além da culpa, além dos debates, estão seres humanos – crianças, jovens e adultos de todas as idades – que são bombardeados diariamente com imagens de violência pela mídia e pela cultura popular.

Continuará havendo violência na vida e na mídia, uma vez que existem tragédia e maldade no mundo. A natureza humana tem seu lado sombrio e muitos traumas não resolvidos. Também existe uma pobreza terrível, vícios e ausência de significado, fatores que criam o ambiente certo para o desenvolvimento da violência – uma das maneiras de as pessoas enfrentarem a injustiça. Essa violência é veiculada no noticiário e nos temas expressos pela cultura erudita e popular.

A violência é o problema principal nos nossos dias, e precisamos encontrar soluções factíveis para evitar seu crescimento. Anos de pesquisa e trabalho mostram bem que o escla-

---

2. Copyright do texto: © Center for Media Literacy, 1993.

recimento da mídia é parte de qualquer esforço eficiente na prevenção da violência, tanto para os indivíduos como para a sociedade como um todo.

Os programas de mídia-educação não podem substituir a parcela de responsabilidade dos que narram a história de nosso ambiente cultural. Mas pais e educadores também têm um papel. Apresentamos aqui cinco exemplos de como a educação da mídia pode contribuir para diminuir o impacto e a incidência de violência no mundo e nas crianças.

1. MUDAR O IMPACTO DAS IMAGENS VIOLENTAS

É importante desconstruir as técnicas utilizadas para produzir cenas de violência e decodificar as várias representações da violência em diferentes gêneros – noticiários, desenhos animados, arte dramática, esportes e música. É importante para as crianças *perceber precocemente a diferença entre realidade e fantasia e saber como os ângulos da câmera e, principalmente, os efeitos especiais, podem confundi-las*. As atividades de mídia-educação precisam ser integradas em todos os ambientes de ensino – escolas, igrejas e clubes.

2. LOCALIZAR E EXPLORAR ALTERNATIVAS A NARRATIVAS QUE ENFATIZAM A VIOLÊNCIA

Escolas, bibliotecas e famílias (inclusive os avós) precisam *ter acesso a livros e materiais que forneçam modelos de papéis positivos para ajudar a contrabalançar as ações e atitudes dos "super--heróis" de hoje em dia*. Por meio das aulas de mídia-educação, os pais também podem aprender a transformar as imagens indesejáveis da cultura popular em oportunidades de modelagem positiva. Por exemplo, um pai permitiu que seu filho assistisse ao desenho *As tartarugas ninjas* se ele imaginasse a existência de uma quinta tartaruga, chamada "Gandhi". Mais tarde, tiveram uma grande discussão sobre como "Ninja Ghandi" poderia salvar as Tartarugas sem recorrer à violência!

3. REVELAR E CONFRONTAR AS BASES CULTURAIS, ECONÔMICAS, POLÍTICAS E PSICOLÓGICAS DE APOIO À VIOLÊNCIA

A violência na mídia, a ganância, a competição, a pobreza estrutural – assim como nossos atos pessoais que contribuem para a criação ou a perpetuação de uma cultura de violência na mídia – precisam ser contestadas. Devemos lembrar que a nossa preciosa liberdade de expressão não existe para proteger a criatividade a qualquer custo, mas para desafiar o *status quo* político e econômico.

A mídia-educação confere poder às pessoas para que discutam questões difíceis sobre si mesmas, os outros e a sociedade *aplicando os princípios do pensamento crítico às experiências que parecem ser "mero entretenimento"*. Na realidade, a análise sistêmica que a mídia-educação fornece pode ajudar a criar uma base informada e compreensível para o ativismo desempenhado por meio dela.

4. ROMPER O CICLO DA CULPA E PROMOVER O DEBATE PÚBLICO INFORMADO E RACIONAL

Falar sobre esses temas nas escolas, na comunidade, nas reuniões cívicas, nos grupos religiosos e na própria mídia ajuda a romper o ciclo de violência. A triste realidade de nossa situação pede que sejam colocadas duas questões sobre nossa sociedade:

1   Em que tipo de cultura queremos que nossas crianças cresçam?
2   Vamos continuar (por meio de nossas escolhas) a permitir produtos que possam contribuir com uma condição que ameaça a segurança pública?

Um público informado é menos vulnerável a ideias e ações extremistas.

Em 1993, o Centro para Educação da Mídia desenvolveu o "Além da culpa: contestando a violência na mídia" ("Beyond blame: challenging violence in the media"), programa de educação comunitária inovador, baseado nos princípios da mídia--educação, para abordar diretamente as questões da violência na mídia.

5. RECURSOS PARA ADULTOS E CRIANÇAS

Para obter informações, treinamento e a relação de profissionais que atendem com SE® em todo o Brasil, entre em contato com a Associação Brasileira do Trauma (ABT): Av. Dr. Arnaldo, 1644 - Sumaré - São Paulo-SP. Site: www.traumatemcura.com.br. E--mail: contato@traumatemcura.com.br. Telefone: (11) 3873-6795.

Bibliografia

COTE, William; SIMPSON Roger. *Covering violence: a guide to ethical reporting about victims and trauma*. Nova York: Columbia University Press, 2006.

GENDLIN, Eugene. *Focalização – Uma via de acesso à sabedoria corporal*. Trad. Carlos S. Mendes Rosa. São Paulo: Global, 2006.

HELLER, Diane; HELLER, Laurence. *Crash course: a self-healing guide to auto accident trauma and recovery*. Berkeley: North Atlantic Books, 2006.

HIGHT, Joe. *Tragedies and journalists: a guide for more effective coverage*. Nova York: Dart Center for Journalism and Trauma, 2002.

KLEBER, Rolf J. et al. *Beyond trauma: cultural and societal dynamics*. Nova York: Springer, 2001 (Springer Series on Stress and Coping).

LAHAD, Mooli. "The integrative model of coping and resiliency". ISTSS Meeting, out. 2005.

LEVINE, Peter. "Nature's lessons in healing trauma"; "We are all neighbors"; "Understanding childhood trauma"; "The vortex of violence"; "The body as a healer"; "Memory, trauma and healing". Boulder: Foundation for Human Enrichment, 2005. Disponível em: <http://www.traumahealing.com/somatic-experiencing/reference-healing-trauma-lessons-from-nature.pdf>. Acesso em: 27 fev. 2014.

_____. *Uma voz sem palavras – Como o corpo libera o trauma e restaura o bem-estar*. Trad. Carlos S. Mendes Rosa e Cláudia Soares Cruz. São Paulo: Summus, 2012.

LEVINE, Peter; FREDERICK, Ann. *O despertar do tigre – Curando o trauma*. 3. ed. Trad. Sonia Augusto. São Paulo: Summus, 1999.

LEVINE, Peter; KLINE, Maggie. *Trauma proofing your kids: a parent's guide for instilling confidence, joy and resilience*. Berkeley: North Atlantic Books, 2008.

PARKER, Laurie; SELVAM, Raja. "Somatic experiencing: a note on working with anger in the context of an SE® session". 2003. Disponível em: <http://seaustralia.com.au/downloads/Working_With_Anger_In_SE_Sessions.pdf>. Acesso em: 27 fev. 2014.

PEARLMAN, Laurie; STAUB Ervin. "The 2002 training healing and reconciliation: a seminar for community leaders". Boulder: Trauma Training for Journalists Workshop/International Trauma-Healing-Institute, 2002.

ROSENBERG, Marshall. *Comunicação não violenta. Técnicas para aprimorar relacionamentos pessoais e profissionais*. Trad. Mário Vilella. 3. ed. São Paulo: Summus, 2006.

ROSS, Gina. *Beyond the trauma vortex: the media´s role in healing fear, terror and violence*. Berkeley: North Atlantic Books, 2003.

STAUB, Ervin. *The roots of evil: the origins of genocide and other group violence*. Cambridge: Cambridge University Press, 1992.

THOMAS, Elizabeth. "Beyond blame: media literacy as violence prevention". Malibu, Center for Media Literacy, 2003. Disponível em: <http://www.medialit.org/reading-room/beyond-blame-media-literacy-violence-prevention>. Acesso em: 28 fev. 2014.

VOLKAN, Vamik. *Blood lines: from ethnic pride to ethnic cleansing*. Nova York: Farrar Straus & Giroux, 2007.

PARTE V

Resumo dos exercícios

PARA FACILITAR SUA aplicação, reunimos todos os exercícios neste capítulo.

1. A SENSOPERCEPÇÃO E A LINGUAGEM DAS SENSAÇÕES

EXERCÍCIO 1
Familiarizando-se com a sensopercepção

Sinta os pés no chão e a maneira como seu corpo faz contato com a cadeira. Sinta seu corpo em detalhe: note como a cadeira está sustentando o seu corpo. Perceba a sensação da roupa sobre a pele, como a gola da camisa toca seu pescoço. Sinta onde a calça ou a saia toca suas pernas e onde seu cabelo toca sua nuca.

Agora, perceba as sensações dentro dos limites de seu corpo. Que sensações você percebe sob a pele? Leve todo o tempo que precisar para notar as sensações sutis e as nem tão sutis. Repare na respiração, nos batimentos cardíacos e nas sensações no peito, no estômago e nos membros. Observe o queixo, o rosto e a cabeça. Repare se o seu corpo está confortável. Permita que seu corpo se mova até sentir-se assim.

Como você reconheceu que se sentia confortável ou desconfortável? Como percebeu que seu corpo queria se mover? Que sensações contribuíram para que você se sentisse confortável? Suas sensações ficaram mais ou menos intensas quando você focou a atenção nelas? Você se sentiu mais ou menos confortável? Suas sensações se modificaram? Que parte de você as percebeu?

A sensopercepção é nossa capacidade de focalizar internamente e fazer uma rápida avaliação de como estamos nos sentindo com relação ao ambiente e de como queremos reagir. Focalizar as sensações internas com a sensopercepção nos permite perceber e acessar nosso nível de conforto e desconforto, dando a medida de nossa experiência.

EXERCÍCIO 2
Praticando a sensopercepção

É possível praticar a sensopercepção da mesma forma que exercitamos os músculos.

Reserve um minuto apenas para olhar à sua volta, memorizando cada detalhe do ambiente. Perceba todos os detalhes que não tinha notado antes.

Então, por mais um minuto, feche os olhos e perceba todas as sensações do seu corpo. Respiração, batimentos cardíacos, tônus muscular de braços e pernas. Perceba o queixo, o rosto e o pescoço. Note se está sentindo algo no estômago. Perceba se e onde existe fluxo ou tensão no seu corpo; anote mentalmente, sem fazer nada a esse respeito. Realizando esse exercício duas ou três vezes por dia, por duas semanas, você terá acesso à sensopercepção sempre que precisar.

EXERCÍCIO 3
Fazendo *grounding* ao se sentir muito agitado

Se você começar a sentir mais e mais constrição, sem conseguir sair dessa situação, poderá "aterrar" imediatamente e vir para o "aqui e agora", sentindo os pés no chão e pressionando-os levemente contra o assoalho. Se está sentado, sinta como o espaldar da cadeira sustenta suas costas. Olhe em torno da sala e perceba dez diferentes texturas no ambiente. Caso ainda se sinta agitado, olhe ao seu redor e conte quantas cores diferentes há ali. Lentamente você se acalmará e deverá readquirir o controle sobre seu corpo. Não é possível estar no "aqui e agora" e no vórtice de trauma ao mesmo tempo.

Depois que se sentir "aterrado", volte aos exercícios. Caso ainda se sinta agitado, peça a um amigo ou familiar que converse com você até se acalmar novamente. Tente outra vez e, se for sugado pelo vórtice de trauma a cada tentativa, procure ajuda profissional.

EXERCÍCIO 4
Rastreando e "entrevistando" sensações

Quando perceber uma sensação no corpo, "entreviste-a": observe onde está localizada, se tem forma, cor ou temperatura. Perceba se é maciça ou oca e se tem textura. Use a lista a seguir para descrever quatro sensações que está experimentando agora e escolha três características para cada uma. Exemplo: minha respiração está calma, profunda e fluente; minha mandíbula está tensa, dura e dolorida.

EXERCÍCIO 5
Constrição, expansão e pendulação

Este exercício vai ajudá-lo a compreender e a sentir o que são as sensações de constrição, expansão e descarga e ensiná-lo a realizar o movimento de pendulação.

ENTRANDO EM CONTATO COM A SENSOPERCEPÇÃO
Como no Exercício 2, sente-se confortavelmente numa cadeira, feche os olhos e "escaneie" seu corpo. Explore o rosto e a cabeça; a respiração e os batimentos cardíacos, as costas, o pescoço, os ombros, os braços e as pernas. É mais fácil focalizar de olhos fechados.

Note como a roupa toca sua pele. Sinta como a cadeira sustenta suas costas. Perceba onde se sente mais apoiado fisicamente, onde seu corpo se sente mais confortável.

Aproveite para simplesmente sentar-se e sentir por alguns minutos. Faça um levantamento de suas sensações sem julgamento, análise ou interpretação do que perceber e sem tentar mudar nada. Se notar que sua mente está divagando, apenas volte a atenção para as sensações corporais. Não tente mudar nada.

ENTRANDO EM CONTATO COM A CONSTRIÇÃO
Perceba o que está acontecendo dentro de você e procure notar sensações de tensão ou constrição no seu corpo. "Entreviste-as."
Focalize uma dessas sensações e identifique seu tamanho, sua

forma, textura, cor e temperatura. Apenas sinta a tensão sem fazer nada a esse respeito.

Se não perceber nenhuma tensão, pense em um acontecimento levemente desagradável experimentado por você e verifique se tal pensamento cria sensações de constrição.

DESCARREGANDO: PASSANDO DA CONSTRIÇÃO PARA A EXPANSÃO
À medida que for entrando em contato com uma constrição (tome sempre uma constrição de cada vez), observe o que acontece. Ela é liberada? Observe o que acontece quando ela se libera. Surge uma respiração profunda ou um suave tremor ou vibração nas mãos e nos pés, nos braços e nas pernas? Uma onda de calor através do peito ou das costas? Você sente uma transpiração quente nas mãos, no rosto ou no peito? Ouve ruídos no estômago ou começa a bocejar? Perceba como está sentindo a descarga e permita que ela aconteça, dando todo o tempo necessário para isso. Os sinais de descarga podem mudar toda vez que você fizer o exercício.

ENTRANDO EM CONTATO COM A EXPANSÃO
Observe sinais de expansão em seu corpo à medida que descarregar. Sua respiração parece mais profunda e calma? Seu peito está mais expandido e aberto? Seus ombros parecem soltos? Você experimenta uma sensação agradável de fluidez?

ENCONTRANDO UM LUGAR CALMO NO SEU CORPO E PENDULANDO
Se a tensão focalizada não aliviar e não houver nenhum sinal de descarga, focalize a consciência em uma parte do corpo que pareça mais confortável. Observe se está calmo, estável ou equilibrado e se existe uma sensação de fluidez. Se não conseguir identificar um lugar calmo, imagine uma experiência agradável e observe as sensações que a imagem traz para o seu corpo. Agora, alterne sua atenção entre a sensação de constrição e a sensação de calma e expansão diversas vezes até sentir a descarga. Você percebe que está respirando mais profundamente, sentindo ondas de calor ou uma transpiração quente? Ouve ruídos no estô-

mago? Observe a expansão no seu corpo, uma sensação de mais abertura e integração.

Às vezes, as sensações de constrição se liberam e continuam voltando. Em geral, existem alguns pensamentos, crenças, emoções ou imagens ligados a elas que precisam ser abordados. No Exercício 6, mostramos como trabalhar com esses pensamentos, emoções e imagens a fim de liberá-los.

2. O SIBAM

EXERCÍCIO 6
Transformando os elementos do SIBAM em sensações

TRANSFORMANDO IMAGEM EM SENSAÇÃO
Imagine um som, um cheiro, um gosto, um toque ou uma cena desagradável relacionados a um acontecimento perturbador. Perceba que sensações vêm à tona, focalize uma de cada vez e descarregue-as. Se a experiência sensória contraída continuar presa em você, parta para a experiência sensória oposta, perguntando-se: "O que sinto no corpo quando imagino a cena, o cheiro, o toque, o gosto ou o som oposto?" Rastreie as sensações que sua questão provoca em seu corpo, pendule entre as duas e perceba a descarga.

TRANSFORMANDO COMPORTAMENTO EM SENSAÇÃO
Quando começa a prestar atenção aos movimentos involuntários de seu corpo, como o enrijecimento de braços, pernas balançando incessantemente ou mãos batucando na mesa, o que você percebe acontecer em seu corpo? Esses movimentos podem estar relacionados com uma reação incompleta de sobrevivência que quer se completar, ou talvez seu corpo esteja fornecendo mais informações sobre o que está acontecendo em sua mente. No primeiro caso, focalize a atenção para perceber se um movimento orgânico quer se completar, deixe isso acontecer lentamente e depois observe como seu corpo se sente. No segundo caso, pergunte-se: "O que esta parte do meu corpo quer fazer?" Se você pudesse dar uma voz a esse mo-

vimento, o que ele diria? Você percebe qualquer outra coisa acontecendo em seu corpo? Continue rastreando as sensações que vierem à tona e descarregue as constrições que surgirem.

TRANSFORMANDO EMOÇÕES EM SENSAÇÃO
Se você tiver qualquer sentimento negativo intenso recorrente – seja medo, raiva, desespero, tristeza ou dor –, perceba em que parte do corpo você sente o medo, a raiva, o ódio ou a dor. Que sensações você experimenta? Frio, respiração curta ou falta de ar? Paralisia, imobilidade ou tensão? Perceba as sensações que estão por trás da emoção e focalize sua consciência em cada uma delas até que as sensações de constrição se dissipem.

TRANSFORMANDO PENSAMENTO EM SENSAÇÃO
Focalize em um pensamento negativo ou obsessivo (sobre você ou sobre o mundo) que o incomode, por exemplo: "Não consigo fazer nada certo", "Todos os homens são perigosos", "Nada dá certo para mim" etc. Perceba quais constrições aparecem, seja um aperto na barriga ou uma sensação de colapso no peito. Novamente, focalize uma sensação por vez, até que ela descarregue. Se não funcionar, convoque o pensamento oposto: "Sou eficiente", "Muitos homens são confiáveis, outros não". Ou simplesmente lembre-se de uma época em que você sentia a vida fluir e focalize em como esse pensamento se registra em seu corpo. Você poderá experimentar uma sensação de "enraizamento" e estabilidade nas pernas, força nas costas, calor no ventre ou expansão no peito. Então, pendule entre as duas sensações até que a constrita se libere.

EXERCÍCIO 7
Exemplo de prevenção do trauma: primeiros socorros emocionais para um pequeno acidente ou queda

Imagine que está em um acidente de carro no qual você não sofreu nenhum ferimento grave nem precisou de atendimento médico. Normalmente, você sairia do carro de imediato, gritaria ou se des-

culparia com o outro motorista, trocaria informações sobre o seguro e, se o dano a algum dos veículos fosse significativo, chamaria a polícia. Então, você poderia ir para casa ou para o trabalho, ignorando completamente o acidente ou falando sobre ele sem parar.
Imagine uma queda grande na qual não ocorreu um dano grave. Você se levanta imediatamente ou as pessoas à sua volta vão se apressar em ajudá-lo a se levantar. Em qualquer caso, você vai se sentir um pouco embaraçado e seguirá seu caminho o mais rápido possível.

Agora, imagine uma situação em que você e o outro motorista (no caso do acidente de automóvel), ou as pessoas que o ajudaram a se levantar (no caso da queda), conheçam o sistema nervoso, a SE® e primeiros socorros emocionais: todos iriam focalizar ajudá-lo a descarregar a energia desencadeada em seu corpo pela ameaça de ser seriamente ferido no acidente ou na queda.

No caso do acidente, isso significa que logo após o acidente de carro você permaneceria sentado no carro, dando ao seu corpo o espaço, o tempo e a tranquilidade necessários para recuperar o equilíbrio. Seu foco seria interno e você rastrearia seu corpo, observando sensações de ativação como o afluxo de adrenalina, a respiração acelerada, os batimentos cardíacos mais rápidos, os músculos tensionados, sensação de calor ou frio ou entorpecimento. Você ficaria presente para suas sensações, escolhendo focalizar cada uma por vez; permitiria que cada sensação se movimentasse, mantendo a consciência sobre ela até que descarregasse e aliviasse o choque.

Você poderia utilizar qualquer ferramenta ou recurso disponível para ajudar seu corpo a voltar ao normal apenas vivenciando o presente, sem interpretar nem tentar dar sentido ao que sente ou percebe. Você observaria lembranças, emoções ou pensamentos que surgissem sem se prender ao seu significado. As melhores informações para estabilizar o sistema nervoso vêm das sensações, e não de pensamentos, imagens ou *insights*. Movemo-nos pela sensopercepção como se estivéssemos em uma correnteza.

Ao mesmo tempo, você poderá perceber vários sinais de descarga: tremor, ondas de calor, suspiros profundos ou ruídos no estômago. Enquanto rastreia a descarga e dá todo tempo necessário para que o tremor se complete, você notará um alívio lento e progressivo na tensão muscular. A adrenalina se dissipa, sua respiração volta ao normal, mãos e pés ficam novamente aquecidos e surge uma sensação geral de alívio. Assim que seu sistema nervoso se acalmar e voltar ao ritmo normal, você sairá do carro, conduzirá as negociações com o outro motorista e voltará às suas atividades diárias tendo liberado as energias traumáticas que, de outro modo, resultariam em sintomas futuros muito depois do acidente.

No caso da queda, saber o que deve fazer para si mesmo – mesmo que as pessoas à sua volta não saibam – o ajudará a esperar (ou pedir para que esperem) os minutos necessários para trazer seu sistema nervoso de volta ao normal e permitir que seu corpo fique em ordem. Você pode explicar às pessoas que estiverem próximas: "Estou dando um tempo para a minha respiração voltar ao normal", a fim de que elas não fiquem preocupadas ou tentem apressá-lo. Lembre-se de que é importante incentivar sua mente a NÃO interpretar ou explicar. Essa não é uma questão para o pensamento; não é um momento para o neocórtex. Depois de descarregar a energia de seu sistema nervoso, você pode focalizar o significado que as lembranças, emoções ou pensamentos trouxeram e integrá-los em sua experiência sensório-motora, focalizando nas sensações que eles provocarem.

Uma vez que o seu sistema nervoso esteja equilibrado, você pode se permitir fazer conexões que o ajudem a reconhecer padrões de pensamento, reações emocionais e comportamentos sem se sentir dominado por eles. Focar a consciência nos pensamentos e emoções que surgem antes que você tenha descarregado totalmente a energia traumática poderá apenas aumentar a ativação e a sensação do trauma.

Mesmo sendo capaz de fazer tudo isso, um incidente traumático pode lhe causar tal impacto que você sentirá que não pode descarregar completamente sua energia por si mesmo. Se for esse o caso e você achar que está muito ativado e não consegue acalmar o sistema (ele pode ter reativado traumas profundos antigos), busque "aterrar-se", chame um amigo para ajudá-lo a voltar para o "aqui e agora" e procure ajuda profissional.

3. REAÇÕES DE FUGA, LUTA E CONGELAMENTO

EXERCÍCIO 8
Recuperando a reação instintiva de fuga

Pense em algo ou alguém que o faça se sentir ameaçado e lhe provoque medo, terror, raiva ou dor. Que sensações essa situação produz em seu corpo? O que você sente?

Você percebe que é possível fugir, escapando da ameaça. Que sensações nota em seu corpo? Que movimentos ele quer fazer? Que partes dele iniciariam o movimento quando você começasse a correr? Imagine-se correndo. Qual seria a primeira parte de seu corpo a se movimentar? Imagine-se deixando seu corpo se mover como ele quer. Imagine-se correndo e chegando a um lugar seguro. O que percebe agora? Sente seu corpo vibrante e energizado? Ou fatigado no bom sentido, com uma sensação de calma e segurança? Continue imaginando-se escapando da situação até que seu corpo se sinta calmo e capaz de se defender.

RECUPERANDO A REAÇÃO INSTINTIVA DE LUTA
Talvez você perceba que não há para onde fugir, mas que pode lutar para se livrar do perigo. Imaginando-se lutando: que partes de seu corpo querem se mexer? Qual se move primeiro? Quando você se imagina movimentando o corpo enquanto luta, que sensações essa imagem elicia em seu organismo? Onde você sente a força e o fluxo de energia? Reimaginando a cena que o amedrontou ou enraiveceu de início, o que percebe em seu corpo depois que também se imaginou lutando e saindo da situação?

SUPERANDO O CONGELAMENTO PARALISANTE – O OBSTÁCULO PARA UMA REAÇÃO DE FUGA BEM-SUCEDIDA
A primeira parte é igual ao exercício anterior. Você está enfrentando uma situação com fatos, pessoas, animais, pensamentos, imagens, sonhos etc. que realmente o aborrecem, assustam ou repugnam. Você quer sair da experiência perturbadora. Experimente as sensações que surgem em seu corpo. Como você as percebe corporalmente? O que você observa? Concentre-se nas

sensações corporais surgidas e observe que quer correr, mas não consegue. Você se sente congelado. Que força interior o impede de fugir ou de evitar a situação? Observe os pensamentos de medo, vergonha ou culpa – ou até de medo de ferir alguém ou perder seu amor – que podem surgir e o impedem de se defender fugindo. Focalize no pensamento ou emoção paralisante e observe as sensações que eles trazem para o seu corpo. Focalize uma sensação de cada vez e observe os sinais de descarga que aparecerem logo depois. É uma respiração, um tremor, um suor frio? Permita que a descarga ocorra. Dê todo o tempo necessário para isso. Depois, volte para o pensamento ou emoção negativa anterior. O que você está sentindo no corpo agora? Você consegue fugir da situação difícil, assustadora ou prejudicial?

4. RECURSOS

EXERCÍCIO 9
Ancorando um recurso no corpo

Pense em um recurso: uma época, um lugar ou uma situação em que você se sentia relaxado e seguro. Observe os detalhes dessa imagem: quais são os sons, odores, cores e temperaturas associados a ela?

O que você percebe em seu corpo quando pensa naquela época, lugar, situação ou pessoa?

Quando você pensa na segurança e tranquilidade que a imagem transmite, onde sente o relaxamento em seu corpo? Como são essas sensações? Elas se parecem com uma abertura ou expansão, como uma correnteza fluindo pelas suas pernas? Sua respiração fica mais profunda? Seus músculos relaxam? Você tem uma sensação de calor? Uma suave fluidez nos braços?

Cada pessoa experimentará essas sensações de segurança e relaxamento de forma diferente. Permita-se conectar-se às sensações que essa memória lhe traz e aproveitá-las.

RECURSOS DE ACORDO COM O SIBAM

S (*SENSATIONS*) SENSAÇÕES	I (*IMAGES*) IMAGENS	B (*BEHAVIOR*) COMPORTAMENTO	A (*AFFECT*) AFETO	M (*MEANING*) SIGNIFICADO
RECURSOS EXTERNOS				
tempo cinema exercícios respiratórios exercícios de equilíbrio	cores padrões da natureza beleza perfumes música/sons objetos de arte toque	dança leitura arte esportes e jogos sucesso acadêmico viagens sexualidade saudável talentos criar	amigos família comunidade grupo social cultura mentores animais e objetos de estimação	livros, histórias informação e validação práticas espirituais causas nobres religião conhecimento
RECURSOS INTERNOS				
ter os pés no chão estar centrado sensação de equilíbrio força física corpo saudável ter um bom senso de limites capacidade sensorial percepção contínua intuição sensação de controle beleza física respiração	sentidos apurados: boa visão bom olfato bom paladar boa audição boa percepção imaginação sonhar acordado	fazer amigos ganhar dinheiro fazer as coisas acontecerem ser persistente capacidade de movimento boa coordenação capacidade de se soltar, ajudar o próximo, ter bons relacionamentos liderança competência	ânimo, tranquilidade, alegria, raiva capacidade de sustentar emoções sentimentos cordiais e compaixão capacidade de amar coragem capacidade de confiar e sentir gratidão	relacionar, compreender, aprender e lembrar ter humor imaginação inteligência curiosidade gratidão espiritualidade ter valores e objetivos sonhar ser consciente capacidade de reformular amor às palavras e à arte

EXERCÍCIO 10
Fazendo um inventário de recursos

Faça uma lista de:

- Pelo menos dez recursos externos (passatempos, viagens, animais de estimação, pessoas da família etc.).

- Dez recursos internos (senso de humor, imaginação, determinação etc.).
- Cinco recursos que faltam (não ter pessoas, dinheiro, amigos ou amor como sistema de suporte).

Adicione novos recursos à sua lista todos os dias. Inclua aqueles que possam estar disponíveis diária (flores, fotografias, texturas, odores, sons ou alimentos de sua preferência, meditação etc.), semanal (tempo para descansar ou domingo), mensal (rituais da lua nova), ou anualmente (férias). Classifique os itens por categoria.

Os recursos podem ser pequenos e fugazes ou grandes e de longo prazo – de uma flor que acabou de florescer a um relacionamento de toda uma vida.

EXERCÍCIO 11
Pendulando para diminuir a dor

Entre na sensopercepção – a capacidade de sintonizar sua experiência interna. Sente-se, sinta os pés apoiados no chão e focalize a consciência em suas sensações internas.

A primeira sensação que chamar sua atenção pode ser um lugar dolorido de seu corpo. Perceba a dor, mas também encontre algum lugar em você que pareça confortável e relaxado. Focalize uma área onde encontre sensações corporais prazerosas, mesmo que sua atenção ainda vá para o ponto dolorido. Mantenha a atenção nela, observe o tamanho dessa área agradável, sinta sua expansão.

Depois de passar algum tempo se familiarizando com o ponto relaxado, focalize novamente a atenção no ponto dolorido. O trabalho de permanecer no limite ou na periferia da dor é importante para aliviá-la.

Agora, volte a atenção para o ponto prazeroso. A alternância entre a sensação de ativação e a sensação de recurso ajuda a descarregar a ativação. É o processo de *looping*. Você pode levar o tempo necessário para que a dor passe, a princípio apenas tocando as bordas dela.

Não queremos relaxar diretamente a dor pela focalização no seu ponto mais intenso porque isso apenas criaria mais tensão. Nós simplesmente quebramos a dor em componentes menores e pendulamos essas sensações com uma área relaxada até que ela ceda.

EXERCÍCIO 12
Atraindo experiências corretivas

Pense em uma situação de sua vida que seja dolorosa e ainda não esteja resolvida.

Pergunte a si mesmo: "Se qualquer coisa fosse possível, o que teria me ajudado nessa situação? O que eu gostaria de ver acontecendo? Como eu me sentiria?"

Dê tempo para sua mente elaborar cenas com um final melhor, depois focalize nas sensações positivas que esses resultados provocam em seu corpo; deixe as sensações positivas "lavar" ou "assimilar" as negativas.

Observe e desfrute a incrível criatividade das imagens que seu corpo e sua mente produzem para atrair o vórtice de cura!

EXERCÍCIO 13
Facilitando a importação de recursos

Imagine novamente uma situação que o deixou oprimido e desamparado. Pergunte a si mesmo:
- "Como teria sido a situação se o recurso que tenho agora estivesse disponível naquele momento?"
- "O que eu teria feito diferente? O que teria acontecido?"
- "Sabendo que terei esse recurso no futuro, como isso pode me ajudar nas minhas dificuldades atuais?"

Observe o efeito tranquilizador em seu corpo quando se lembra desses recursos durante uma situação difícil. Dê um tempo a si mesmo para descarregar.

EXERCÍCIO 14
Convidando o oposto

Cada um de nós tem uma imaginação única. Nunca vi duas pessoas imaginarem a mesma cena oposta a determinada palavra. Pergunte a si mesmo:

- "Que cena eu tenho desta constrição? Qual seria a cena oposta?"
- "O que sinto no corpo quando penso na cena oposta?"
- "Que pensamento negativo ocupa minha mente e que sensações ele provoca em meu corpo? Qual seria o pensamento oposto? E, quando penso nele, quais sensações surgem?" Pendule entre as sensações provocadas pelo pensamento negativo e depois pelo novo pensamento, positivo, e perceba o alívio.

EXERCÍCIO 15
Atraindo aliados protetores

Pense em uma situação na qual você estava fisicamente dominado por alguém ou algo ou se sentia desamparado. Pergunte a si mesmo: "Se tudo fosse possível agora, quem ou o que poderia me ajudar e me proteger nesta situação?"

Você pode pensar em pessoas que conhece, assim como imaginar entidades, tais como personagens míticas, espirituais ou religiosas – anjos, dragões, animais ferozes ou um batalhão de soldados. À medida que pensa neles, observe as sensações de alívio.

5. LIDANDO COM A RAIVA, O MEDO, A VERGONHA E A CULPA

EXERCÍCIO 16
Perdendo o medo da raiva

Inicie o exercício levando em conta os medos subconscientes que pode ter da raiva. Por exemplo, imagine o tipo de pessoa raivosa que pode se tornar um problema real para a sociedade. O que essa pessoa está sentindo, dizendo ou fazendo?

Agora, coloque-se no lugar dela e pergunte-se: "O que de pior poderia acontecer se eu perdesse o controle?" À medida que vê essa imagem, observe as sensações que surgem em seu corpo e foque em uma sensação por vez para descarregar o excesso de energia contida na imagem.

Esse exercício pode ajudá-lo a enfrentar e a descarregar o medo da raiva irracional acumulado por anos a fio. Também pode trazer à sua consciência as necessidades insatisfeitas que ativam sua raiva.

TRABALHANDO A RAIVA
Pense em uma situação ou pessoa que provoca muita raiva em você. Perceba as diversas sensações de tensão ou constrição que acompanham essa imagem. Focalize novamente uma sensação por vez. Se a sensação parecer muito explosiva, como um vulcão ou fogo, imagine como ela poderia ser liberada na forma mais "titulada", a menor parcela de energia por vez. Imaginando a raiva liberada como um pequeno córrego de lava descendo a montanha em direção às águas frescas do mar, ou como vapor escapando da panela de pressão, note as sensações de alívio em seu corpo.

EXERCÍCIO 17
Trabalhando o medo

Pense em uma situação que lhe provoque muito medo e perceba que sensações ele produz em seu corpo. Focalize uma sensação

de constrição por vez e fique atento à descarga que emerge quando a constrição se reduz. Dê tempo para a resposta se completar.
Repare agora se pensamentos ou imagens aparecem. Caso apareçam, perceba que sensações elas geram e continue no processo de rastrear as sensações de constrição em seu corpo, escolhendo uma de cada vez e esperando pela resposta de alívio.

Se não surgirem pensamentos ou imagens, volte-se para a situação de medo, rastreie seu corpo em busca de constrições e descarregue-as.

Volte várias vezes para a situação original de medo até senti-la clara e sob controle e até que seus pensamentos o façam sentir-se mais forte ou mais calmo.

EXERCÍCIO 18
Trabalhando com vergonha e culpa

Pense em uma situação que o fez se sentir culpado ou envergonhado e perceba que sensações a culpa e a vergonha eliciam em seu corpo. Focalize uma sensação de constrição por vez e fique atento à reação de descarga que emerge quando a constrição se reduz; dê tempo para que o processo se complete.

Continue voltando para a situação eliciadora de vergonha ou culpa, rastreando cada nova constrição até sua redução, ou acompanhando pensamentos e/ou imagens que possam surgir. Rastreie sensações que elas possam produzir em seu corpo, uma de cada vez, aguardando a reação de alívio.

Se não houver pensamentos ou imagens, volte a atenção para a situação geradora de culpa ou vergonha, rastreie seu corpo em busca de sensações de constrição e descarregue-as. Continue voltando à situação, rastreando sensações e descarregando-as até que você se sinta no controle das suas emoções; tenha clareza quanto à atitude a tomar, sentindo que seus pensamentos o deixam mais forte ou mais calmo.

Sobre o International Trauma-Healing Institute

A MISSÃO DO International Trauma-Healing Institute, fundado por Gina Ross, é conscientizar as pessoas sobre o trauma e seu impacto nos conflitos e na violência entre as nações. Além disso, visa desenvolver recursos e colaborar com as organizações para promover a cura do trauma em nível global.

O ITI realiza sua missão criando programas e atividades para:

- Desenvolver a conscientização global do custo do trauma e de sua ligação com a violência.
- Promover a conscientização da existência de recursos e técnicas para lidar com o trauma e curá-lo, facilitando o acesso das comunidades ao tema.
- Desenvolver novos modelos, programas e sistemas de distribuição da cura do trauma por todo o mundo.

Toda receita proveniente da venda deste livro é direcionada para os objetivos do ITI na cura do trauma ao redor do mundo. Convidamos você a participar. Juntos podemos promover e encorajar a cura em todo o mundo. Para mais informações sobre as atividades do ITI e sobre as diversas maneiras pelas quais você pode ajudar, visite nosso site: www.traumainstitute.org.

Agradecimentos

TENHO MUITO A agradecer, e a muitas pessoas. Este livro faz parte de uma série de sete obras criadas com a intenção de abordar o problema e a cura do trauma em nível global. O objetivo da série é dirigir-se a todos os setores da sociedade que tenham condições de ajudar a proteger o público da devastação de incidentes traumáticos e dos sintomas gerados por eles. Este livro se destina ao público geral. Ele foi escrito para você!

Esta obra não teria sido possível sem o trabalho original de Peter Levine, meu amigo e professor, autor de *O despertar do tigre – Curando o trauma* e criador do método da Experiência Somática (SE®). Sua teoria e seu método despertaram meu interesse no tema do trauma como origem causadora de grande sofrimento, violência e guerra. A pesquisa do dr. Bessel van der Kolk, autor de *Traumatic stress*, forneceu dados para minha compreensão sobre o alto preço do trauma para os indivíduos e para a sociedade. O trabalho do dr. Ervin Staub ajudou a ampliar a dimensão para o trauma coletivo.

Os profissionais de SE®, Kerry Cheek e Lanie Abrams, me ajudaram a aprimorar minhas ideias e a montar o esboço do texto. Lanie fez a maior parte da edição inicial.

Minha equipe da Fundação, a diretora executiva Sheryl Turner e a secretária executiva Esther Friedman, compartilharam minha paixão pelo lançamento do livro e foram incansáveis no processo de edição e reedição.

Quero agradecer aos meus amigos em Israel, Yona Shahar--Levy, Ofra Ayalon, minha prima Shella Mayer, meu amigo americano Hyla Cass e minha amiga alemã Lucia Hans Schmidt por seu constante apoio.

Toda minha gratidão a Esther Dzialowski Amarante, por sua devoção como amiga, colega, editora e colaboradora tanto da edição brasileira deste livro como em meus treinamentos, e a Vera Lucia Jannini, por sua generosa edição da tradução em português. Agradeço também a ajuda afetuosa dos meus colegas e amigos Cornélia Rossi e Pedro Prado, presidentes da ABT, representantes da SE® no Brasil e colaboradores do meu instituto.

Meus filhos, Eric Ross e Jenny Zipkin, foram muito generosos em seu amor, incentivo e paciência. Minha mãe, Frida Hamoui, e meus irmãos e irmãs, Joe, Solly, Elio, Rina, Arlette, Monda e Vivo, que generosamente sacrificaram o tempo em família que pude passar com eles no Brasil.

Meu marido, Reg Wilson, fez uma ampla revisão, incentivando-me a evitar o jargão profissional e apoiando meus esforços para tirar o trauma do armário e espalhar uma mensagem de esperança. Apesar de o trauma ser contagioso, a simples consciência de sua dinâmica pode tornar sua cura *ainda mais* contagiosa.

Acima de tudo, foram as histórias de angústia e tristeza de meus clientes e alunos e sua coragem ao enfrentar seus traumas que me deram a força e o compromisso de trazer à luz sua dor e também acender a esperança da cura. Sua capacidade de usar as ferramentas do SE® por si próprios mostrou-me o potencial dessas ferramentas.

Gina Ross
Fundadora e Presidente do Instituto Internacional para a Cura do Trauma

* * *

A Summus Editorial agradece especialmente a Esther Dzialowski Amarante, sem a qual a edição desta obra não teria sido possível.

www.gruposummus.com.br